박혜민

연세대 영어영문학과를 졸업하고 한양대 언론정보대학원에서 석사학위를 받았다. 2012년 스탠퍼드대 후버연구소 방문연구원으로 1년간 지냈다. 20년 넘게 중앙일보에서 한국어로 기사를 쓰다가 2017년부터 코리아중앙데일리에서 경제산업부장으로 일하고 있다. 중앙일보의 주말판 신문인 중앙선데이에 '번역기도 모르는 진짜 영어'를 2018년부터 연재해왔으며, 영어 학습 주간지 「Think English」에도 매주 기고하고 있다.

Jim Bulley

영국 런던에서 태어나고 자랐다. 요크대 정치학과를 졸업하고 런던 오픈 대학 준 석사과정을 수료했다. 영국 지역 신문에서 기자로 일했다. 2012년 한국에 왔고, 2016년 한국인 유진실 씨와 결혼했다. 현재 코리아중앙데일리 경제 에디터 겸 스포츠 담당 기자로 일하고 있다. 한국 프로야구의 열렬한 팬이다. KBS월드, TBS(교통방송), 아리랑TV 등 다양한 프로그램에서 진행자 및 패널로 출연 중이다. 중앙선데이에 칼럼 〈런던 아이〉를 연재하고 있다.

번역기도 모르는 진짜 영어

일러두기

1. 이 책은 저작권법에 의해 보호받는 저작물이므로 무단전재와 복제를 금한다.
2. 이 책의 전부 또는 일부를 이용하려면 저작권자와 도서출판 쉼의 서면동의를 얻어야 한다.
3. 이 책의 한글 표기는 국립국어원의 원칙에 따르며, 외래어 표기 또한 국립국어원의 원칙에 따른다.

번역기도 모르는

—— Real English for the real world ——

진짜 영어

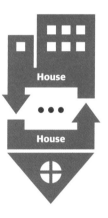

박혜민 · Jim Bulley 지음

영어 같은, 영어 아닌, 영어의 이면에 대한 이야기

나는 대학에서 영어영문학과를 형편없는 성적으로 졸업했으며 이후 영어와는 담을 쌓고 살았다. 「중앙일보」에서 20년 넘게 한국어로 기사를 쓰다가 회사의 순환근무 방침에 따라 갑자기 영어신문인 「코리아중앙데일리」에서 근무하게 됐다.

「뉴욕타임스」의 제휴사인 「코리아중앙데일리」는 외국인 에디터들이 직접 모든 기사를 고치고, 제목도 달고, 편집에도 간여한다. 영어권 외국인들이 이해할 수 있도록 현지에서 쓰는 표현으로 기사를 다듬고, 글의 구성이나 시각도 외국인의 눈높이에 맞추는 작업을 한다. 신문 제작 과정 모두가 영어로 이뤄진다. 기자들은 한국어와 영어에 모두 능통하다.

영어 울렁증에 시달리는 나로서는 일하는 게 고역이었다. 하지만 재미있는 점이 있었다. 이런 말은 영어로는 이렇게 표현하는 구나, 학교 다닐 때 교과서로 배운 영어가 실제로는 저렇게 쓰이는 구나, 이런 걸 알아가는 게 재미있었다.

예를 들어 성폭력은 영어로 sexual violence가 아닌 sexual assault 라든지, 장애인은 handicapped가 아닌 impaired person으로 쓰는 게 바람직하다든지 하는 것이었다. 우리가 아는 토너먼트의 뜻과 영어 tournament의 뜻이 다르다는 것도 알게 됐다.

우리가 영어 단어라고 알고 있는 것들 중엔 한국에서 영어 단어를 이용해서 독창적으로 만든 '콩글리시'도 있고, 일본에서 건너온 일본식 영어 표현도 있다. 골든타임처럼 한국에서만 다른 뜻으로 쓰이는 영어가 있고, 러브콜처럼 현대 영어에선 안 쓰는 말도 있다. 또 시간이 흐르면서 과거와 다르게 쓰는 말들도 있다.

이 책에서는 그런 표현들을 모아서 정리했다. 한국과 영미권에서 다르게 쓰이는 영어 표현, 국내 영어사전에서 제대로 설명하지 못하고 있는 일부 영어 단어의 실제 쓰임새를 알아봤다.

미국 「메리엄-웹스터 사전」과 영국 「옥스퍼드 사전」을 자주 인용했고, 경제용어는 미국 투자정보 사이트인 인베스토피디아investopedia를 참고했다.

이 책이 꽤 많은 단어와 문장을 설명하고 있긴 하다. 하지만 영어 학습서라기보다는 재미로 읽는 영어에 관한 책, 혹은 영어 단어로 풀어본 시사교양 서적 정도라고 하는 게 맞을 것 같다. 시사영어는 그 단어가 나오게 된 정치·경제·문화적 배경을 설명했다. 'BJ', '텐션', '케미'처럼 영어인지 한국어인지 애매한 말들의 정체에 관한 내용도 담았다.

해외 비즈니스를 하는 기업인이나 직장인, 「CNN」이나 「뉴욕타임스」에서 나오는 시사용어를 이해하고 싶은 학생이나 일반인, 또 언어를 통한 사회 읽기에 관심 있는 사람들에게도 도움이 될 것 같다.

책의 마지막 부분 '숙어 편'에는 75개의 숙어가 실려 있다. 서양 문화의 근간을 이루는 성경에서 유래한 숙어, 요즘 젊은 층의 SNS에서 유행하는 숙어 등 교과서에는 안 나오지만 실제 영어에서는 많이 쓰이는 유용한 숙어들을 정리했다.

이 책이 나오기까지 주제를 고민하고 내용을 구성하느라 함께 고생한 짐Jim에게 가장 큰 감사를 전한다. 함께 일하던 시절, '번역기도 모르는 진짜 영어'를 작명하고 기획했던 「세줄일기」 배익호 이사에게도 특별한 감사를 드린다. 아낌없는 격려와 지원을 해주셨던 유권하 선배, 많은 도움 주고 계신 한경환 선배, 고정애 선배, 지면 디자인부터 팟캐스트과 유튜브 도전까지 늘 함께했던 전태규 기자에게도 감사하다는 말을 전하고 싶다. 과연 책이 만들어 질 수 있을까 걱정하던 내게 책을 사랑하는 마음만으로 믿음을 주고 엄청난 실행력을 보여 준 도서출판 쉼의 이미선 에디터님께도 감사드린다.

2021년 4월 박혜민

Languages change incredibly quickly.

The ways we use words and the meanings they take on shifts all the time, and that speed is only increasing as more and more of our culture is based online.

As journalists in a bilingual newsroom, we're often at the cutting edge of this intersection between culture and language.

Every day we face a new challenge attempting to translate an idea from English or Korean using words and phrases that lack the cultural and historical weight that the other language conveys. Navigating these issues is one of the most important things we can do as an English-language newspaper in Korea.

This book acts as a sort of record of the many discussions Hyemin and I have had, both together and with our reporters, as we try to navigate cultural issues and current affairs and the ever-changing language that goes with them.

The very nature of language means that nothing we've written here is going to be set in stone forever. Language is always evolving and it will continue to do so. This isn't a textbook or a dictionary and it isn't an attempt to teach you English or to tell you things you need to improve.

It certainly isn't an attempt to criticize or fix Konglish-as much as 80% of the English language is borrowed and adapted from other languages and there is absolutely no reason why Korean shouldn't do the same thing.

This book is an attempt to understand where words have come from. There is historical and cultural significance to both English and Korean words and understanding where that comes from helps us understand both the language and culture.

If you're interested in language, culture or society, both here in Korea and internationally, this is the book for you. I've lived two thirds of my life in the UK and one third in Korea, and yet as we wrote every page of this book I learnt something new about both cultures. I hope you can too.

If you're not in the mood for any of that, there's also a really good section about food.

I would like to thank Hyemin for all her effort putting this book together and doing far more work than me, 송경선, 김지희, 정주희 and Brolley Genster for all their help and support and of course 유진실 for more than everything.

April, 2021

Jim Bulley

차례

3 | 경제

4 | 성평등

5 | 스포츠

6 | 유행어

7 | 음식

bubble · maskne · social distancing · pandemic · vaxxie

1.

코로나

bubble

코로나19로 새로운 뜻이 추가된 단어들

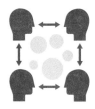

'소셜 버블social bubble'을 글자 그대로 번역하면 '사회적 거품'이다. 좀 어색하다. 사회 어떤 부분이 과장돼 있다는 뜻인가 싶지만 그래선 뜻이 통하지 않는다. 이제 버블의 새로운 뜻을 모르면 번역이 어렵다.

코로나19로 인해 새롭게 뜻이 추가된 말들이 꽤 있다. 미국 「메리엄-웹스터 사전Merrlam-Webster Dictionary」은 2021년 초 520개의 단어를 새로 추가했는데 그중 하나가 bubble이다. 추가된 뜻은 '가족이나 친구, 직장 동료처럼 서로 친밀하게 교류하지만, 다른 사람들과는 접촉할 수 없는 소규모 그룹'이다. 이 bubble은 전염병 발생 기간 병에 대한 노출을 최소화하고 확산을 줄이기 위해 조성된다.

한국에는 없는 개념이지만 영국이나 뉴질랜드 등 일부 국가에서는 코로나19로 인해 봉쇄령을 내리면서, 정해진 사람들 외에 다른 사람들과 만날 수 없도록 했다. 이렇게 그들 안에서만 서로 교류할 수 있게 허용된 사람들의 그룹을 bubble이라고 칭했다.

버블과 같은 뜻의 단어로 '팟pod'이 있다. pod은 같은 콩알이 4~5개씩 들어 있는 콩꼬투리를 가리키는 말이다. 여기에 '그들끼리만 교류할 수 있고 다른 사람들과 접촉할 수 없는 사람들의 그룹'이라는 뜻이 추가됐다. 지난해 6월 미국 「뉴욕타임스New York Times」는 〈The Dos and Don'ts of Quarantine Pods〉라는 제목으로 '격리 팟quarantine pod' 안에서 할 수 있는 것과 할 수 없는 것을 설명하는 기사를 게재하기도 했다.

코로나19로 인해 추가된 새로운 단어는 또 있다. '롱 홀러long hauler'는 병을 앓고 난 후 오랫동안 후유증으로 생활에 불편을 겪는 사람을 가리키는 말이다. haul은 '힘들게 끌다, 힘들여 몸을 움직이다', hauler는 '끌어당기는 사람' 혹은 '화물을 운반하는 트럭'이라는 뜻이다. 코로나19의 후유증으로 오래 고생하는 사람을 long hauler라고 부르면서 병은 나았는데 후유증을 오래 앓고 있는 사람을 일컫는 말로 굳어졌다.

'웻 마켓wet market' 역시 새롭게 등재된 영어다. 코로나19 집단 감염이 처음 시작된 곳으로 알려진 중국 우한의 화난수산시장에서 유래한 말이다. 신선한 상태의 수산물을 판매하는 이 시장에서 즉석에서 도축한 야생동물의 고기 등을 같이 판매했는데 이곳에서 코로나19가 사람에게 전이됐다는 주장이 나왔다. 이후 wet market은 상하기 쉬운 신선 농수축산물을 판매하는 시장으로 살아 있는 동물을 즉석에서 잡기도 하는 곳이라는 뜻으로 쓰이고 있다.

CHECK NOTE

- **bubble** : 거품, 그들끼리만 교류할 수 있는 소수 사람의 그룹
- **pod** : 콩 꼬투리, 그들끼리만 교류할 수 있는 소수 사람의 그룹
- **quarantine** : 격리
- **haul** : 힘들게 끌다, 힘들여 몸을 움직이다
- **hauler** : 끌어당기는 사람, 화물을 운반하는 트럭
- **long hauler** : 병은 나았는데 후유증을 오래 앓고 있는 사람
- **wet market** : 상하기 쉬운 신선 농수축산물을 즉석에서 도축 및 판매하는 시장

maskne

마스크네, 언택트, 온택트 등 코로나19 신조어

코로나19 시대를 상징하게 된 마스크는 이제 잠시도 떼어놓을 수 없는 필수품이 됐다. 혼자 있을 때가 아니라면 학교에서, 직장에서, 거리에서, 언제 어디서든 써야 한다. 마스크는 코로나19로부터 우리를 지켜주는 방패지만, 심각한 피부질환의 원인이 되기도 한다. 그래서 생긴 신조어가 '마스크네maskne'다.

마스크네는 마스크mask와 여드름을 뜻하는 단어 아크네acne의 합성어로 마스크 때문에 생기는 여드름을 가리키는 말이다. 이런 여드름을 가리키는 영어가 원래 없었던 건 아니다. 의학적 용어로 기계적 여드름, 즉 아크네 메카니카acne mechanica라는 말이 있었다. 기계적 여드름이란 손이나 옷, 턱받이, 헬멧 같은 것들로 인해 지속적인 마찰이나 압박을 받아서 생긴 여드름을 가리킨다. 하지만 코로나19 이후 이런 증상을 겪는 사람들이 늘어나면서 어려운 의학 용어 아크네 메카니카 대신 쉽고 트렌디한 느낌의 새 단어 마스크네가 널리 쓰이게 된 것이다.

「뉴욕타임스」는 2020년 6월 〈Maskne Is the New Acne, and Here's What Is Causing It(마스크네는 새로운 여드름, 왜 생기나)〉이라는 기사를 실었다. 「워싱턴 포스트Washington Post」는 〈Wearing a mask can irritate your face or make it break out. Here's what to do about maskne(마스크 착용이 피부를 자극해서 피부질환을 유발할 수 있다. 마스크네를 완화하기 위해 무엇을 해야 할까)〉라는 기사를 게재했다.

전문가들은 마스크네 치료법으로 화장품 사용을 줄이라고 조언한다. 쓰더라도 피부 자극이 적은 순한 화장품을 골라 쓰라고 한다. 100% 순면 마스크를 사용하라거나 마스크 위생에 각별히 신경 쓰라는 조언도 있다.

원래 재치 있는 합성어portmanteau를 만들어 내는 데 일가견이 있는 건 한국이다. 코로나19 이후 많이 쓰이는 '언택트untact'는 한국에서 만든 합성어나. un과 contact를 합쳐서 만든 untact가 '비대면'이라는 뜻으로 쓰이고 있다. 하지만 이렇게 말하면 외국인들은 못 알아들을 가능성이 크다. '논 컨택트non contact'나 '논 페이스 투 페이스non face-to-face'라고 하면 같은 뜻으로 통한다. 최근에는 언택트에 빗대 '온택트ontact'라는 신조어도 등장했는데 온라인을 통해 대면하는 방식을 가리키는 말로 쓰이고 있다. 물론 영어에는 없는 말이다.

CHECK NOTE

- **maskne** : 마스크 때문에 생기는 여드름 등 피부질환
- **acne** : 여드름
- **machania** : (라틴어) 기계학, 역학
- **portmanteau** : 합성어
- **non contact** : 비대면, 언택트(=non face-to-face)

코로나

social distancing

일상으로 들어온 보건의료 전문용어

평소라면 절대 익숙해질 수 없었을 전문용어들이 코로나19 때문에 익숙해졌다. 자가 격리, 사회적 거리두기, 동선 추적, 지역 감염 등을 그 예로 들 수 있다.

'사회적 거리두기'는 영어로 '소셜 디스턴싱social distancing'이다. 코로나19의 확산을 막기 위해 대부분의 나라에서 취해지고 있는 조치다. 사람들 사이에 6피트, 즉 2미터 이상의 물리적 거리physical distance를 유지하도록 권장하고 있다. 동사로는 socially distance다. 과거에는 '사회적 거리'라는 뜻의 '소셜 디스턴스social distance'가 더 많이 쓰였다. '사회적 거리'와 '사회적 거리두기'는 엄연히 다르다. 사회학 용어인 '사회적 거리'는 특정 개인과 개인, 집단과 집단, 혹은 개인과 집단 사이의 친밀함의 정도를 말한다.

'지역 감염'은 '커뮤니티 스프레드community spread', '슈퍼 전파자'는 '슈퍼-스프레더super-spreader'다. 코로나19 발생 초기 대구 지역에서 대규모 집단 감염이 발생하면서 지역 감염이라는 말이 자주 쓰이기 시작했다.

'동선 추적'은 영어로 '컨택트 트레이싱contact tracing'으로 사생활 감시라는 지적이 있었지만 동선 추적을 통해 감염 확산을 막은 한국의 사례를 보면서 해외에서도 동선 추적이 필요하다는 쪽으로 여론이 기울었다.

'자가 격리'는 '셀프 쿼런틴self-quarantine'이다. '셀프 아이솔레이팅self-isolating'으로 쓰기도 한다. quarantine은 전염병 확산을 막기 위해 사람이나 동물을 격리하는 것을 가리킨다. 영국 「옥스퍼드 사전Oxford Dictionary」은 자가 격리를 self-isolating이라고 표현하고, 그 뜻을 'staying away from other people completely'로 정의했다.

'집단 면역'은 '허드 이뮤니티herd immunity'다. 전 인구의 70%에 면역이 형성되어야 집단 면역이 이뤄진다고 한다. 집단 구성원 다수가 면역력을 갖게 되면 감염병 확산이 느려지거나 멈추게 된다.

'최초 감염자'는 '페이션트 제로patient zero'다. 누가 코로나19의 patient zero인지는 아직 밝혀지지 않았다. 미국은 코로나19 발원지가 중국이라고 하고, 중국은 미국이라고 주장하며 맞서는 중이다. patient zero가 어디서 나왔는지가 외교 문제로 비화하기도 했다.

'1번 확진자'는 '인덱스 페이션트^{index patient}'다. 특정 지역이나 나라, 혹은 가족 가운데 처음으로 어떤 질병의 확진 판정을 받은 사람을 가리킨다.

CHECK NOTE

- **social distancing** : 사회적 거리두기
- **social distance** : 사회적 거리
- **community spread** : 지역 감염
- **super-spreader** : 슈퍼 전파자
- **self-quarantine** : 자가 격리
- **herd immunity** : 집단 면역
- **patient zero** : 최초 감염자
- **index patient** : (특정 집단 내) 1번 확진자

pandemic

팬데믹, 에피데믹, 엔데믹, 인포데믹의 차이

코로나19 발생 초기 과연 이것이 팬데믹pandemic인가 아닌가를 두고 꽤 많은 논쟁이 있었다. 전 세계적인 대유행이 될 것인가, 중국을 중심으로 하는 일부 아시아 국가에서만 국지적이고 일시적인 전염병이 될 것인가를 두고 전문가들 사이에 이견이 분분했기 때문이다.

'pandemic'이라는 용어에 신중했던 건 신종 전염병이 전 세계에 번져 많은 사람의 목숨을 앗아가는 상황을 가리키기 때문이다. 이에 반해 '에피데믹epidemic'은 전염병 피해가 특정 지역으로 한정되는 경우다. 2002년 중국에서 발병한 '사스SARS(중증급성호흡기증후군)'나 2014년 아프리카 서부 지역에서 발생했던 '에볼라Ebola'는 epidemic이었다.

대표적인 팬데믹으로는 '흑사병The Black Death', '스페인독감Spanish Inflenza'을 꼽는다. 1300년대 발병한 흑사병으로 3개 대륙 7,500만 명이 목숨을 잃었고, 1918년 스페인독감은 유럽과 미국 등에서 약 5,000만 명을 사망에 이르게 했다.

넓은 지역에서 강력한 피해를 유발하는 팬데믹이나 에피데믹과 달리 '엔데믹endemic'은 특정 지역의 주민들 사이에서 주기적으로 발생하는 풍토병을 가리킨다. 아프리카, 남미, 동남아시아에서 많이 발생하는 말라리아나 뎅기열이 endemic disease에 해당한다.

비슷하게 생긴 이 세 단어 pandemic, epidemic, endemic의 구조를 뜯어보면 그 뜻의 차이를 쉽게 짐작할 수 있다. 공통부분인 demic은 고대 그리스어 demos에서 유래했다. 이것은 population을 뜻한다. pan은 all을 뜻하고, epi는 on, at, besides, after, among을 의미한다. endemic의 en은 in을 뜻한다.

'인포데믹infodemic'이라는 말도 있다. 정보를 뜻하는 인포메이션 information과 demic의 합성어다. 세계보건기구WHO는 인포데믹을 '과도한 정보가 쏟아지는 가운데 틀린 정보와 맞는 정보가 마구 뒤섞여 사람들이 필요로 하는 올바른 정보를 선별하기 어려운 상황'이라고 정의한다.

WHO는 2020년 3월 11일 코로나19에 대해 팬데믹을 선언했다. 그 후 1년 만에 전 세계 누적 확진자는 1억 명이 넘었고, 260만 명 이상이 사망했다. 이번 팬데믹으로 가장 큰 피해를 입은 미국의 경우 52만 명

이상이 사망했다. 이것은 제1·2차 세계대전과 베트남 전쟁의 전사자를 합한 것보다 많은 수다. WHO는 코로나19 팬데믹이 제2차 세계대전보다 더한 트라우마를 남길 것이라고 말했다.

CHECK NOTE

- **pandemic** : 팬데믹, 전염병의 세계적 대유행
- **epidemic** : 특정 지역에 피해를 주는 전염병 유행
- **The Black Death** : 1300년대 유행한 흑사병
- **Spanish influenza** : 1918년에 발병한 스페인독감
- **endemic** : 특정 지역의 주민들 사이에서 주기적으로 발생하는 풍토병
- **infodemic** : 정보가 마구 섞여 올바른 정보를 선별하기 어려운 상황

코로나

vaxxie

백신 맞는 장면을 담은 인증 샷

셀카는 셀프와 카메라의 합성어로 스스로 자신의 모습을 찍은 사진을 가리킨다. 셀카는 한국에서 쓰는 말이고, 영어로는 셀피selfie라고 한다.

셀피는 스마트폰의 대중화와 함께 유행한 신조어다. 자신의 모습을 찍어 SNS에 올리는 사람들이 늘어나면서 2000년대 들어 많이 쓰이기 시작했다. 2013년에는 「옥스퍼드 사전」이 '올해의 단어'로 선정했고, 2014년에는 「메리엄-웹스터 사전」에 등재됐다. 셀피에 이어 벨피velfie 라는 말도 나왔다. 비디오video와 셀피의 합성어로 자신의 모습을 스스로 촬영한 동영상을 말한다.

올해는 '백시vaxxie'라는 신조어가 등장했다. 백신vaccine과 셀피를 합친 말이다. 백신을 맞는 자신의 모습을 찍은 사진이나 영상을 가리키는 말로, 유럽이나 미국 등에서는 vaxxie를 공개하는 일이 유행이라고 한다. 이런 유행에 앞장선 건 정치인과 유명인들이다. 시작은 백신의 안전성을 홍보하려는 목적에서였다. 미국 조 바이든^{Joe Biden} 대통령과 카멀라 해리스^{Kamala Harris} 부통령을 비롯해 빌 게이츠^{Bill Gates}도 자신의 vaxxie를 공개했다.

상의를 탈의한 채 2차 백신접종^{vaccination}을 받는 그리스의 키리아코스 미초타키스^{Kyriakos Mitsotakis} 총리는 남성미 넘치는 모습으로 화제가 됐다. 영국 일간지 「가디언^{Guardian}」은 그 모습을 '셔츠를 벗고^{shirt off}' 가슴 근육을 드러내며 남성성을 과시하곤 하던 러시아 푸틴^{Vladimir Putin} 총리와 비교하기도 했다. 한편 그리스에서는 너무 많은 고위 각료들이 앞다퉈 vaxxie를 올리는 바람에 백신접종 차례를 기다리던 의료진과 일반 국민들의 반발을 샀고, 결국 정부 관료들에 대한 우선접종을 전면 중단하기에 이르렀다.

유명인이 먼저 백신을 맞고 백신접종을 홍보하는 건 이번이 처음은 아니다. 1956년 미국의 엘비스 프레슬리^{Elvis Presley}는 소아마비 백신^{polio vaccine}을 맞으며 국민들에게 안전성을 알린 적이 있다.

최근에는 백신 여권, 즉 vaccine passport라는 말도 등장했다. 「뉴욕타임스」는 최근 〈Coming Soon: The 'Vaccine Passport'〉라는 제목의 기사에서 정부와 여행 산업 관계자들 사이에서 vaccine passport라는 새로운 용어가 사용되고 있다고 전했다.

CHECK NOTE

- **selfie** : 셀피, 자신의 모습을 스스로 찍은 사진
- **velfie** : 자신의 모습을 스스로 찍은 동영상, 셀피와 비디오의 합성어
- **vaxxie** : 자신의 백신 맞는 모습을 찍은 사진이나 동영상
- **vaccination** : 백신접종
- **shirt off** : 셔츠를 벗은
- **polio vaccine** : 소아마비 백신
- **vaccine passport** : 코로나19 백신을 접종했다고 증명하는 여권

Real English for the real world

absentee · control tower · demonstrate · golden time · insurrection · it is what it is · Master · nation-state · New Year · private citizen · satellite party · schadenfreude · Second Gentleman · try me

2

·

정치

absentee

미국 대선판을 뒤흔든 부재자투표

2020년 미국 대선은 미국 선거 역사상 부재자투표가 가장 큰 관심을 끌었던 선거로 기록될 것이다.

코로나19 팬데믹 때문에 많은 미국인은 투표소에 가지 않고 우편으로 할 수 있는 부재자투표를 선택했다. 특히 조 바이든의 민주당을 지지하는 많은 사람이 부재자투표를 선택한 반면 트럼프Donald Trump의 공화당을 지지하는 유권자들은 직접 투표소를 찾아 투표하는 경우가 많았다. 트럼프 전 대통령은 재임 시절 코로나19의 위험에 대해 대수롭지 않게 여기는 듯한 발언을 하면서 사회적 거리두기나 마스크 쓰기 같은 규칙을 무시하곤 했다. 이 때문에 지지하는 정당에 따라 투표하는 방식이 나뉘면서 각 주의 선거 결과는 부재자투표 결과에 따라 좌지우지됐다.

부재자는 영어로 '애브센티absentee'다. 형용사형 absent는 '자리에 없는, 결석한'의 뜻이다. absentee는 absent에 사람을 나타내는 어미 ee를 붙인 형태로 '~에 없는 사람'이라는 뜻이 된다. 땅을 소유하고도 그곳에 살지 않는 땅 주인은 absentee landowner, 회사를 소유하고도 경영에 참여하지 않는 사주를 absentee business owner라고 표현한다.

부재자투표는 'absentee ballot'이다. ballot이란 선거에서 투표할 때 쓰는 종이, 즉 투표용지를 가리킨다. absentee ballot은 mail-in ballot, 혹은 그냥 mail ballot이라고도 한다. mail-in ballot은 글자 그대로 '우편으로 온 투표용지'를 가리키는데 대부분의 부재자투표가 우편투표로 이뤄지기 때문에 둘은 같은 뜻으로 많이 쓰인다.

하지만 엄밀하게 본다면 부재자투표와 우편투표에는 차이가 있다. 하와이나 콜로라도 같은 주는 모든 유권자에게 우편으로 투표용지mail-in ballot를 보냈다. 유권자들은 이 투표용지를 이용해 우편으로 사전투표를 할 수도 있고, 투표용지를 들고 직접 투표소에 가서(in person) 투표할 수도 있다.

원래 absentee ballot은 투표 당일 투표소에 갈 수 없는 사람들을 위한 것이었다. 해외에 있거나 군대에 복무 중인 군인들이 대상이다. 군 부재자투표는 'military absentee ballot'이라고 한다. 사전투표는

'early voting'이라고 한다.

한편, 이번 선거에 주목받은 용어들 중에 '붉은 신기루red mirage', '푸른 신기루blue mirage'도 있다. 개표 초반에는 붉은색으로 상징되는 공화당이 강세였다가 갈수록 민주당 강세로 이동하는 것을 red mirage라 하고, 반대로 푸른색의 민주당이 강세였다가 공화당 강세로 변화한 것을 blue mirage라 한다.

CHECK NOTE

- **absentee ballot** : 부재자투표
- **absentee** : 부재자
- **absentee landowner** : 땅을 소유하고도 그곳에 살지 않는 땅 주인
- **absentee business owner** : 회사를 소유하고도 경영에 참여하지 않는 사주
- **mail-in ballot(=mail ballot)** : 우편투표
- **military absentee ballot** : 군 부재자투표
- **early voting** : 사전투표

control tower

컨트롤 타워는 공항에 있다

경제 컨트롤 타워, 정책 컨트롤 타워, 균형발전 컨트롤 타워, 심지어 성범죄 컨트롤 타워까지 한국에서 컨트롤 타워는 거의 모든 영역에 걸쳐 사용되는 말이다. 하지만 영어에서 컨트롤 타워는 딱 한 곳에서만 쓰인다. 바로 공항^{airport}에서다.

영어 control tower는 공항에 있는 관제탑을 가리킨다. 공항에서 비행기의 이륙^{take off}과 착륙^{land}을 유도하는 타워, 즉 'the tower at an airport that tells flights when to land and take off'다.

공항 관제탑이 아닌데 control tower라고 하면 영어에선 뜻이 통하지 않는다. 그런 경우 '커맨드 센터^{command center}'로 바꾸면 대체로 무난하다. command는 '명령하다, 지시하다'는 뜻이다. '컨트롤 타워의 부재 때문에 백신 조달이 늦어졌다'를 영어로 바꾸면 'vaccine procurement was delayed on the absence of a command center'라고 쓸 수 있다.

'S 그룹의 총수가 감옥에 들어갔고, 이 때문에 그룹 전체의 인사를 조정하던 부서가 제대로 기능하지 못해 S 그룹 인사가 지연되고 있다'는 내용을 한국어로는 '컨트롤 타워의 부재로 인해 S 그룹의 인사가 지연되고 있다'고 한다. 그러나 이것을 영어로 하면 'S group delays reshuffles in absence of a command center'라고 쓸 수 있다. 하지만 그보다 'A group delays reshuffles due to power vacuum at top'으로 구체적인 의미를 풀어쓰는 편이 더 자연스럽다.

한국에서는 어떤 일이나 상황을 주도적으로 처리하는 사람 자체를 컨트롤 타워라고 부르기도 한다. 그런 사람을 가리키는 영어 표현으로는 '포인트 맨point man'이 있다. 영어사전에는 point man을 '순찰대에서 앞장 서는 병사a soldier who goes ahead of a patrol', '중심적인 위치에 있는 사람one who is in the forefront'으로 정의하고 있다.

'키맨keyman'도 비슷한 뜻이다. 주로 비즈니스 용어로 쓰이는데 '그가 키맨이다'라고 하면 특정 사안을 주도하는 핵심적인 인물이라는 뜻이다. 「메리엄-웹스터 사전」에서는 'a person doing work of vital importance (as in a business organization)'라고 설명한다. 하지만 「옥스퍼드 사전」에서 이 단어를 찾으면 없는 말이라고 나온다. keyman은 영국 영어에서는 거의 쓰이지 않는 말이다.

CHECK NOTE

- **control tower** : 공항 관제탑
- **take off** : 이륙하다
- **land** : 착륙하다
- **command center** : 어떤 일의 중심이 돼서 이끌어 가는 조직
- **procurement** : (정부기관의 물품) 조달
- **reshuffle** : 인사
- **point man** : 중심 역할을 하는 사람
- **forefront** : 맨 앞, 중심
- **keyman** : (비즈니스에서) 핵심적인 역할을 하는 사람

demonstrate

1980년대 한국의 거리시위 방불케 한 Black Lives Matter

시위 관련해서 많이 쓰이는 단어는 '프로테스트protest'와 '데몬스트레이트demonstrate'다. 모두 '시위하다'는 뜻이다. 우리말 '데모하다'가 여기서 유래했다. protest와 demonstrate는 둘 중 뭘 써도 상관없다. 하지만 두 단어 사이에 차이가 없는 건 아니다. 1인 시위는 demonstration이라고 쓰지 않는다. 1인 시위는 'one-person protest'다. demonstrate는 여럿이 모여 시위하는 경우에 쓴다.

또 뭔가에 반대해서 시위한다는 뜻의 demonstrate에는 전치사 against가 필요하다. '전쟁 반대 시위를 했다'를 영어로 하면 'Protesters demonstrated against the war'가 된다. demonstrate가 '보여 주다,

입증하다'는 뜻으로 쓰일 경우엔 전치사가 필요 없다.

2016~2017년 한국의 촛불집회에 대한 기사에서는 'candlelight vigil'이라는 표현이 자주 등장했는데, 여기서 vigil은 철야농성이나 밤 샘기도 등을 가리키는 말이다. rally도 대규모 집회를 뜻한다. 당시 시위를 anti-Park Geun-hye rally라고 표현하기도 했다.

2020년 여름 미국에선 경찰에 의해 숨진 흑인 남성 조지 플로이드의 사망을 계기로 전국적인 대규모 'Black Lives Matter' 시위가 발생했다. 당시 시위는 마치 한국의 1970~1980년대 거리시위를 방불케 했다. 무장한 경찰과 시민들이 대치하고, 최루탄이 난무하고, 심지어 경찰이 쏜 고무탄에 기자와 일반 시민이 실명하는 일까지 벌어졌다. 그러다 보니 미국 미디어에서는 시위에 참가하는 이들을 위한 가이드를 싣기에 이르렀는데, 미국 공영라디오 방송인 「NPR」은 홈페이지에 〈시위 진압에 쓰이는 다양한 방법들Riot Control Agents〉을 소개하며 각각의 특징과 주의할 점 등을 알리는 글을 게시하기도 했다.

대표적인 시위 진압 도구로 소개한 것은 tear gas와 pepper spray, flash bang이었다. tear gas는 최루가스를 뜻한다. pepper spray는 매운 액체를 담은 스프레이, flash bang은 조명탄처럼 빛과 굉음으로 시위대를 흩어지게 하는 도구다. 고무탄은 rubber bullet이라고 한다.

「NPR」은 기사에서 〈시위 참가자의 안전 수칙Safety Tips for Protesters〉도 소개했는데 '콘택트렌즈를 착용하지 말 것, 머리 보호를 위해 바이크 헬멧bike helmet을 착용할 것, 물을 충분히 갖고 올 것, 얼굴을 가릴 천

과 고글을 준비할 것, 동료와 함께하고 서로의 위치를 확인할 것' 등이
었다.

CHECK NOTE

- **protest** : 시위하다
- **demonstrate** : 시위하다
- **one-person protest** : 1인 시위
- **candlelight vigil** : 촛불집회
- **vigil** : 철야농성, 밤샘기도
- **rally** : 대규모 집회, 경주
- **riot** : 폭동, 시위
- **tear gas** : 최루가스

golden time

골든타임과 골든아워의 차이

한국에서 '골든타임golden time'은 사고나 질병 발생 후 환자의 생사를 결정지을 수 있는 결정적 시간이라는 뜻으로 알려져 있다. 이때 적절한 처치나 수술이 이뤄진다면 환자는 목숨을 건질 수 있지만, 그렇지 못하면 치명적인 상태에 이를 수 있다. 하지만 여기에 해당하는 영어는 골든타임이 아닌 '골든아워golden hour'다. 대부분의 긴급 처치나 응급 수술이 사고 발생 한 시간 내에 이뤄져야 하는 경우가 많기 때문에 golden hour라는 표현을 쓴다.

영어 golden time은 말 그대로 황금시간대, 즉 가장 많은 사람이 시청하는 시간대를 말하는 방송 용어다. TV 방송의 경우 오후 8~11시를 가리키며 프라임타임prime time이라고도 한다. 라디오 방송에선 드라이브타임drive time이라고도 부른다. 라디오는 차 안에서 듣는 사람이 많기 때문에 출퇴근 시간이 골든타임이다.

'피크타임peak time'도 비슷한 뜻이다. 피크타임은 더 다양한 경우에 쓰인다. 예를 들어 백화점이나 마트는 설이나 추석, 크리스마스 연휴가 peak time이다. 피크시즌peak season이라고 쓰기도 한다.

한국에서 골든타임은 정치·경제·사회 전 분야에 걸쳐 일의 성패를 가를 수 있는 결정적인 시간이라는 은유적 표현으로도 널리 쓰이고 있다. '아프리카돼지열병 확산 저지를 위한 초동 대처의 골든타임'이라는 문장에서 골든타임을 영어로 바꾸려면 golden hour가 맞을까, golden time이 맞을까. 영어로는 둘 다 적당치 않다. 영어에서 golden hour는 의학적 의미로 주로 쓰이기 때문에 맞지 않고, 고객이 많이 몰리는 시간이라는 뜻의 golden time도 여기엔 적절치 않다. 이럴 땐 'critical period', 혹은 'critical time' 정도로 표현할 수 있다.

'4차 산업혁명 시대를 맞아 경제 패러다임 전환의 골든타임을 놓치지 말아야 한다'는 문장이라면 어떨까. 여기서 골든타임은 마지막 기회, 성패를 좌우할 결정적 순간이라는 의미다. 이런 뜻의 숙어로는 'window of opportunity'가 있다. 절호의 기회, 어떤 일을 성사시킬 수 있는 마지막 순간이라는 뜻이다. 이 경우 'Don't miss the window of opportunity for the fourth industrial revolution'이라고 하면 비슷한 뜻이 된다.

CHECK NOTE

- **golden time** : TV나 라디오의 황금시간대(=prime time)
- **golden hour** : 사고나 질병 발생 후 생사를 결정짓는 중요한 시간
- **drive time** : 라디오 방송의 황금시간대. 차로 출퇴근하는 시간
- **peak time** : 황금시간대, 대목
- **peak season** : 대목
- **critical period** : 결정적 시간(=critical time)
- **window of opportunity** : 절호의 기회, 일을 성사시킬 수 있는 마지막 순간

insurrection

미 의사당 난입 사태로 알게 된 단어

2021년 초 전 세계를 깜짝 놀라게 한 사건이 미국 정치의 심장인 워싱턴 D.C.에서 벌어졌다. 미국의 새 대통령을 확정하는 역사적인 순간, 의사당에 폭도들이 난입해 의원들은 폭도들을 피해 숨어야 했고, 의사당 기물은 파괴됐으며, 그 과정에서 5명이 사망했다. 폭도라 부르기에도 어설픈, 제멋대로인 무리가 의사당을 장악하는 모습은 어떤 말로 설명해야 할지 모를 만큼 충격적이었다.

미국인들도 이 사태를 뭐라고 불러야 할지 몰라 어안이 벙벙했던 것 같다. 초기에 나온 관련 보도에서는 이 사태를 프로테스트protest, 랠리rally, 데몬스트레이션demonstration이라고 지칭한 경우가 많았다. 하지만 이런 보도들은 거센 비난을 받았다. 이런 단어들은 어떤 주장을 펼치기 위해 평화롭게 진행하는 합법적인 시위를 가리키는 경우가 많기 때문이다. 지난해 있었던 '흑인 인권 운동Black Lives Matter' 시위를 부르는 말이기도 했기 때문이다.

이후 정신을 차린 미국 미디어들은 의사당 난입 사태를 insurrection, sedition, coup 등으로 부르기 시작했다. 하지만 이런 말들은 미국인들에게도 낯설었던 터라 영어사전 사이트의 검색량이 폭증하고, 언론사들은 이 말이 무슨 뜻인지를 설명하는 기사들을 게재했다.

'인서렉션insurrection'은 내란, 반란이라는 뜻이다. 정부 전복을 꾀하는 무력 사태를 지칭한다. 이는 범죄에 해당한다. '세디션sedition'은 내란 선동을 뜻한다. 내란을 조장하는 행위로 이 역시 범죄다. 「메리엄-웹스터 사전」은 sedition을 'incitement of resistance to or insurrection against lawful authority'로 정의하고 있다. 쿱coup은 우리가 쿠데타라고 하는 coup d'état의 준말이다. 군사 쿠데타처럼 조직된 무력이 개입된 경우를 부르는 말이다.

당시 조 바이든 대통령 당선인은 이번 사태를 'insurrection', 'act of domestic terrorism'이라고 지칭하며 "Don't dare call them protesters. They were a riotous mob - insurrectionists, domestic terrorists"라고 말했다. 그들은 시위대가 아니라 반정부 내란을 일으킨 폭도들이며 테러리스트에 해당한다고 한 것이다. 이어 하원에서는 당시 도널드 트럼프 대통령에 대한 두 번째 탄핵안을 가결했다. 그에게는 'incitement of insurrection', 즉 내란 선동 혐의가 적용됐다.

CHECK NOTE

· **insurrection** : 내란, 반란

· **sedition** : 내란 선동

· **incitement** : 선동, 조장

· **resistance** : 저항

· **coup** : coup d'état (쿠데타)의 준말로 조직된 무력이 개입된 정부 전복 행위

· **terrorism** : 테러리즘. 미국에서 테러는 주로 이슬람 등 외부 세력에 의한
   무력 행동을 의미

· **riotous** : 소란을 피우는, 폭력을 행사하는

· **mob** : 폭력을 휘두르거나 말썽을 일으키는 무리

it is what it is

궁지에 몰린 트럼프가 한 말

"그렇지 뭐", "어쩔 수 없잖아". 누군가와 언쟁을 하다가 예상치 못한 강한 공격을 받고 나도 모르게 이런 말을 중얼거리게 된 적이 있었는지, 그렇다면 영어로는 뭐라고 중얼거리게 될까. 정말 다양한 종류의 인간적인 모습을 보여줬던 트럼프 전 대통령이 방송에서 중얼거린 말이 바로 그것이었다. "It is what it is."

2020년 8월 3일 방송된 〈악시오스 온 HBO〉 인터뷰에서 기자가 "코로나19로 하루에 1,000명씩 죽어 나가고 있다"고 트럼프를 압박하자 "사람들이 죽고 있다. 사실이다"라며 체념한 듯 "it is what it is"라고 했다. 언제나 당당하게 자신의 주장을 내세우던 평소 모습과 달리 흔들리는 눈동자로 어떤 말을 해야 할지 몰라 당황하는 모습이 역력했다.

당시 트럼프가 했던 말을 그대로 옮기면 "They are dying, that's true. And you have — it is what it is. But that doesn't mean we aren't doing everything we can"이다. "사람들이 죽어 가고 있는 건 사실이지만 … 어쩔 수 없다. 그렇다고 우리가 할 수 있는 모든 걸 다 하고 있지 않다는 건 아니다"라는 뜻이다.

'It is what it is'는 우리말로 정확하게 번역하기는 좀 어렵다. 딕셔너리 닷컴Dictionary.com은 바꿀 수 없는 절망적이거나 도전적인 상황을 표현할 때 쓰는 표현(expression used to characterize a frustrating or challenging situation that a person believes cannot be changed)이라고 정의한다.

이 인터뷰가 방영된 후 언론들은 '트럼프의 의식의 흐름을 보여 준 인터뷰', '한 기자가 트럼프를 무너뜨렸다'고 평가하기도 했다. 이 말을 했던 미국 대통령은 트럼프 이전에도 있었다. 2004년 조지 W. 부시George W. Bush 대통령은 선거에서 경쟁자인 존 케리John Kerry가 앞서고 있다는 보고를 받고는 "It is what it is"라고 답했다. '어쩔 수 없지. 그것과 관련해서 우리가 할 수 있는 게 없다'는 뜻이었다.

It is what it is와 비슷한 말로는 'That's that', 'So be it', 'That's life' 등을 꼽을 수 있다. 어깨를 으쓱하는 몸짓shrugging으로도 비슷한 의미를 전할 수 있다. 서양에서 어깨를 으쓱하는 동작은 무관심이나 불확실성, 혹은 체념을 표현할 때 쓴다. 딕셔너리 닷컴은 it is what it is를

'말로 하는 shrug의 일종(a kind of verbal shrug)'이라며 '바꿀 수 없는 상황을 체념하고 받아들이는 신호'라고 설명했다.

CHECK NOTE

- **it is what it is**. : 어쩔 수 없잖아. 받아들여야지 뭐
- **characterize** : 특징짓다, ~로 묘사하다
- **frustrating** : 불만스러운, 좌절감을 주는
- **challenging** : 도전적인
- **verbal** : 말로 하는
- **shrug** : 어깨를 으쓱하다

Master

영국 해리 왕자의 아들 아치를 부르는 말

영국 해리 왕자Prince Harry Duke of Sussex와 메건 마클 서식스 공작부인 Meghan Duchess of Sussex 사이에 태어난 아기의 이름은 '아치 해리슨 마운트배튼-윈저Archie Harrison Mountbatten-Windsor'다. 아기의 퍼스트네임 first name은 아치Archie, 미들네임middle name은 해리슨Harrison, 패밀리네임 family name은 마운트배튼-윈저Mountbatten-Windsor인 것이다.

아기 이름 아치Archie는 왕실 가문royal family의 이름으로는 잘 쓰이지 않는 평범한 이름이다. 영국 왕실은 대체로 해리, 윌리엄, 제임스처럼 성경에 나오는 인물의 이름을 쓴다. 아치는 그런 이름이 아니다. 요즘 영국 부모들 사이에 인기 있는 이름일 뿐이다.

아기의 middle name인 해리슨^{Harrison}은 글자 그대로 해리의 아들이라는 뜻이다. 미들네임은 이름과 성 중간에 들어가는 이름인데 George W. Bush처럼 알파벳 머리글자만 표기하기도 한다. 미들네임은 1개일 수도 있고 2개나 3개일 수도 있다. 부모님이 지어준다. 영국인이나 미국인들은 대부분 미들네임을 갖고 있다. 자녀는 자신의 middle name이나 first name 중 좋아하는 이름을 선택해서 사용한다.

아치의 family name, 즉 성 마운트배튼-윈저^{Mountbatten-Windsor}는 증조할아버지 필립공과 증조할머니 엘리자베스 2세 여왕이 결혼 당시 사용하던 성을 결합한 것이다. 하지만 실제로는 여왕이 자신의 패밀리 네임을 사용할 일은 없다. 예를 들어 보통 사람들은 사인할 때 자신의 성이나 이름을 쓰지만 여왕은 ER이라고 쓴다. Elizabeth Regina의 약자다. Regina는 라틴어로 여왕이라는 뜻이다. 왕은 Rex다.

아치는 백작 작위도 물려받지 않았다. 해리 왕자의 공식 직함^{title}은 His Royal Highness The Duke of Sussex, Earl of Dumbarton and Baron Kilkeel. 즉 '왕가의 자손이며, 서식스의 공작이자, 덤바턴의 백작이고, 카일킬의 남작'이다. 대체로 아버지의 작위 가운데 두 번째 작위가 아들에게 주어진다. 아버지의 최고 작위는 아버지가 돌아가신 후 아들이 이어받는다. 따라서 관례대로라면 아치는 '덤바턴의 백작'이어야 했다.

아기는 아직 프린스^{prince}도 아니다. 현직 왕이나 여왕의 3대손인 손자, 손녀까지를 prince나 princess로 부르기 때문에 현재 엘리자베스

2세 여왕의 4대손 즉, 증손자^{great-grandson}인 아치는 그저 '마스터 아치 Master Archie'로 불린다.

Master는 결혼 안 한 남자의 이름 앞에 붙이는 경칭(공경하는 뜻으로 부르는 칭호)으로 최근에는 거의 쓰이지 않는 표현이다.

CHECK NOTE

- **royal family** : 왕족 가문
- **regina** : 여왕 (라틴어)
- **rex** : 왕 (라틴어)
- **Royal Highness** : 전하. 왕족을 높여서 부르는 말
- **title** : 직함
- **duke** : 공작
- **earl** : 백작
- **baron** : 남작
- **Master** : 결혼 안 한 남자를 높여 부르는 칭호

nation-state

하나의 민족 코리아, 국가는 둘

나라, 혹은 국가를 가리키는 영어 단어는 네이션^{nation}이다. 그렇다면 남한과 북한은 하나의 nation일까, 두 개의 nations일까. 답은 하나의 nation이라고 할 수도, 두 개의 nations라고 할 수도 있다는 것이다.

하나의 nation이라는 시각은 South Korea와 North Korea가 하나의 민족이라는 것에 초점을 맞춘 것이다. nation이라는 단어는 그 나라에서 사는 사람들을 가리키는 말이기 때문이다. 같은 역사, 문화, 언어를 공유하고 있는 사람들의 단위를 가리키는 말로 국경의 한계를 벗어나는 개념이다. 따라서 남한과 북한이 같은 역사와 문화, 언어를 공유하고 있는 하나의 민족이라고 생각하는 사람이라면 남북한이 하나의 nation이라고 생각할 것이다.

반대로 분단 이후 오랜 시간이 흐르면서 남한과 북한이 서로 다른 정치 체제뿐 아니라 각자 다른 문화와 언어를 갖게 됐다고 생각하는 사람이라면 남한과 북한을 각각 다른 nation으로 볼 것이다. 이처럼 South Korea와 North Korea가 하나의 nation인지 두 개의 nations 인지에 대해서는 사람마다 의견이 다를 수 있지만 두 개의 서로 다른 state라는 것은 분명하다.

state는 독자적인 정부government를 갖고 있는 물리적인 영토를 가리키는 말이다. 정부 조직에 초점이 맞춰진 단어다. 미국을 United States라고 부르는 건 50개의 states가 모두 각각의 주정부를 갖고 있으며 각기 다른 영토와 제도를 운영하고 있다는 점에서다. 이 모두를 아우르는 연방정부 역시 독자적인 정부를 갖고 있으니 또 다른 state 다. 국영 기업은 nation-owned가 아닌 state-owned company라고 한다.

사실 상대적으로 역사가 짧은 미국인들은 nation과 state를 잘 구분하지 않는다. 이런 구분에 예민한 건 유럽인들이다. 유럽은 같은 민족이라도 별도의 정치 체제를 가진 여러 개의 나라, 즉 여러 개의 state로 나누어진 곳이 많기 때문이다.

민족국가nation-state라는 말도 있다. 하나의 민족이 하나의 정부를 갖고 있는 나라를 nation-state라고 한다. South Korea도 North Korea도 국민 대부분이 동질한 성격을 갖고 있는 하나의 민족으로 구성돼 있기 때문에 각각을 nation-state라고 할 수 있다.

CHECK NOTE

- **nation** : 나라. 같은 역사, 문화, 언어를 공유하고 있는 사람들의 단위를
  가리키는 말로 국경의 한계와 상관이 없다
- **state** : 독자적인 정부(government)를 갖고 있는 물리적인 영토를 가리키는 말
- **United States** : 미국. 미국은 50개의 독자적 주 정부들의 연합으로 구성된 나라
- **state-owned company** : 국영 기업
- **nation-state** : 민족국가. 하나의 민족으로 구성된 국가

New Year

정치인들의 신년사, 기업인들의 신년사

새해가 되면 누구나 새로운 결심을 한다. 새해에는 새로운 사람이 되겠노라, 지난해보다 나은 사람이 되기 위해 이런저런 것들을 실천하겠노라 열심히 다짐한다. 금연, 운동, 영어공부는 단골 메뉴다.

이런 새해 결심을 New Year's resolution이라고 한다. 이때 뉴 이어 New Year의 앞글자는 대문자로 쓴다. 일반적인 의미의 '새로운 해'는 new year라고 쓰지만 새해 결심을 말할 때처럼 신년을 가리키는 새해는 New Year, 대문자로 쓴다. 개인만 새해 결심을 하는 건 아니다. 기관이나 기업, 대통령도 새해 결심을 한다.

매년 초 미국 대통령은 상·하원 합동의회에서 국정연설을 통해 1년

동안의 국정 운영 방침을 밝힌다. 이 국정연설을 '스테이트 오브 더 유니온 어드레스State of the Union address'라고 한다. 여기서 어드레스address는 연설이라는 뜻이다. address는 명사로 주소라는 뜻 외에 '연설'이라는 뜻이 있다. 대체로 대통령이나 총리 같은 고위직 정치인이 하는 연설을 가리킨다.

미국 대통령의 신년 국정연설을 '연두교서年頭教書'라고 부르기도 하는데 여기서 '교서教書'란 왕조시대 국왕이 내리는 명령서나 훈계문, 선포문을 가리키는 말로 지금 상황과는 맞지 않는다. 미국 건국 초기엔 미국 대통령이 편지 형식으로 의회에 보냈는데 편지를 교서로 번역했던 게 그대로 굳어진 듯하다. 현재 미국 대통령들은 국정연설을 통해 이 내용을 밝히고 TV, 라디오, 인터넷을 통해 전 국민에게 전하고 있다.

대기업 회장이나 기업 CEO의 신년사는 New Year's address라고 하지 않는다. 서양에는 새해라고 해서 CEO가 신년사를 하는 경우는 거의 없기 때문에 이런 표현 자체가 낯설다. 그래서 한국 기업인들의 신년사를 영어로 표현할 땐 New Year's message나 New Year's speech 정도로 쓰는 게 적당하다. 서양에선 한 해의 마지막 날 송년파티year-end party를 하는 경우는 있지만 새해 첫날 시무식은 안 한다. 새해 첫날은 그냥 New Year's Day일 뿐이다.

현재 한국의 대통령은 신년 기자회견New Year's press conference을 통해 1년간의 국정운영 방침을 발표하고 있다. 문재인 대통령은 회견문을 낭독한 뒤 영빈관으로 자리를 옮겨 내·외신 기자들의 질문을 받았다.

CHECK NOTE

- **New Year's resolution** : 새해 결심
- **new year** : (일반적 의미의) 새로운 해
- **State of the Union address** : 미국 대통령의 신년 국정연설
- **address** : (정치인의) 연설, 주소
- **New Year's message** : 신년사
- **New Year's speech** : 신년 연설
- **New Year's Day** : 새해 첫날
- **year-end party** : 송년 파티

private citizen

민간인에는 두 가지 뜻이 있다

민간인이라는 말에는 두 가지 뜻이 있다.

첫 번째 뜻은 '군인이 아닌 사람'이라는 뜻이다. 군대에서 의무복무를 마친 후 제대한 사람을 가리켜 흔히 '이제 민간인이 됐다'고 농담 삼아 말한다. 민간인의 또 한 가지 뜻은 '공직에 있지 않은 사람'이라는 뜻이다. 정치인이나 공무원처럼 공직에 있으면서 공공을 위해 일하는 사람이 아닌 보통 사람을 말한다. 표준국어대사전에서는 민간인을 '관리나 군인이 아닌 일반 사람, 흔히 보통 사람을 군인에 상대하여 이르는 말'로 정의하고 있다.

영어에서는 어떤 경우의 민간인인지를 구분해서 각각 다른 단어를 쓴다. 군인이 아닌 일반인은 시빌리언^{civilian}이다. '대통령이 베트남 전쟁 중 한국이 민간인 학살에 참여했던 것에 대해 베트남에 사과했다'를 영어로 하면 'President offered an apology to Vietnam for Korea's participation in the massacre of civilians during the Vietnam War' 다. 여기서 민간인 학살은 'massacre of civilians'로 표현했다. 군인이 아닌 민간인을 학살했다는 뜻이기 때문에 민간인을 civilian으로 썼다.

'북한군의 배가 민간인 어선으로 위장했다'를 영어로는 'North Korean vessel pretended to be a civilian fishing boat'로 쓸 수 있다. 북한 군인이 탄 배를 민간인의 어선으로 위장했다는 의미로 'civilian fishing boat'라고 했다. 여기서 civilian은 형용사로 쓰였다.

'청와대는 민간인 사찰을 부인했다'는 문장이라면 어떻게 써야 할까. 'The Blue House denied spying on private citizens'라고 쓴다. 이때 민간인은 civilian 아닌 private citizen으로 써야 한다. 군인에 반대되는 의미가 아니라, 공직자^{government official}에 반대되는 의미로 '공직자가 아닌 보통사람'이라는 뜻이다.

사실 citizen은 시민이라는 뜻도 있지만 실제로는 '일반인, 국민'이라는 뜻으로 더 많이 사용된다. 그 앞에 private를 붙인 건 공직자가 아닌 개인이라는 것을 강조하기 위해서다. 〈Hillary Clinton, Private Citizen and Public Persona, Creates a Transition Office.〉 2013년 「뉴욕타임스」가 다룬 힐러리 클린턴 전 국무장관 관련 기사 제목이다. 공직을 떠나 민간인 신분이 됐지만 여전히 공적인 이미지를 갖고 있는 클린턴 전 국무장관이 개인 사무실을 차렸다는 의미다.

CHECK NOTE

- **private citizen** : (공직자가 아닌) 민간인
- **civilian** : (군인이 아닌) 민간인
- **massacre** : 학살
- **vessel** : 선박, 그릇
- **fishing boat** : 어선, 낚싯배
- **government official** : 공무원
- **persona** : (다른 사람들 눈에 비치는 한 개인의) 모습

satellite party

선거 때만 있다가 사라지는 위성정당

'새틀라이트 파티satellite party'라는 말을 처음 들었을 때 위성들이 모여서 파티를 한다니 엄청난 우주 쇼가 펼쳐지는가 보다 했다. 위성 닮은 조명 아래서 광란의 파티를 하는 모습을 연상하기도 했다. 하지만 그런 뜻이 아니었다. 21대 국회의원 선거에서 처음 등장한 말로 '위성정당'을 영어로 옮긴 것이었다. 위성을 뜻하는 satellite와 정당을 뜻하는 party를 합친 satellite party였다.

이런 말은 영어사전에는 없다. 「메리엄-웹스터 사전」이나 「옥스퍼드 사전」, 「콜린스 사전Collins Dicitionary」 같은 영어사전에서 satellite party를 검색하면 없는 말이라고 나온다. 구글Google에서 satellite party

를 검색하면 미국의 유명 록 밴드 Satellite Party에 대한 소식을 보게 된다.

정치적 의미에서 satellite party를 다루고 있는 건 대부분 한국 관련 소식이다. 위성정당이 있는 나라가 거의 없기 때문이다. 아예 없는 건 아니었다. 이스라엘이나 아프리카 일부 국가에서 정치적 의미에서 이 말을 쓰고 있다. 비례대표제를 채택하고 있는 이스라엘에는 여러 정당이 난립해 있다.

위키피디아^{Wikipedia}에서는 satellite party를 블록 파티^{bloc party}와 비슷한 의미라고 설명한다. bloc party는 원래 구소련을 중심으로 하는 동유럽 공산주의 국가에서 공산당 일당독재가 아닌 다당제 국가라는 구색을 갖추기 위해 허울뿐인 정당을 만들었던 것에서 유래했다고 한다. 정당의 원래 뜻인 '정치적인 주의나 주장이 같은 사람들이 정권을 잡고 정치적 이상을 실현하기 위하여 조직한 단체'와는 거리가 먼 정당의 형태다.

2020년 4월, 21대 국회의원 선거에서 등장한 한국의 위성정당들 역시 그렇다. 거대 여당과 야당의 비례대표 의석수를 늘리는 것이 목적이었다. 독자적인 주장이나 이상은 없었다. 선거가 끝나면 해산할 것을 공언하기까지 했다. 실제로 선거가 끝난 후 더불어민주당과 위성정당 더불어시민당은 합당했다. 야당이던 미래통합당 역시 위성정당 미래한국당과 합당했으며 이후 미래한국당은 국민의힘으로 이름을 바꿨다.

satellite party는 satellite offshoot이라고도 쓴다. offshoot
은 파생물, 분파, 새 나뭇가지를 뜻한다. 비례대표는 proportional
representation이다.

CHECK NOTE

· **satellite party** : 위성정당
· **bloc party** : 블록정당(공산주의 국가에서 구색을 갖추기 위해 만든 군소정당)
· **offshoot** : 분파, 파생물
· **ruling party** : 집권 여당
· **opposition party** : 야당
· **proportional representation** : 비례대표

schadenfreude

트럼프가 코로나에 걸리자 느낀 감정

트럼프 전 미국 대통령의 남다른 행적은 번번이 화제가 되곤 했는데 2020년 10월 대선 후보 토론회 역시 그랬다. 특히 첫 번째 토론회는 끼어들기와 막말, 거짓말이 난무하며 사상 최악의 대선 후보 TV 토론회로 기록됐다.

트럼프는 그 후 얼마 지나지 않아 코로나19 양성 판정을 받으며 다시 한번 세계 뉴스의 중심이 됐다. 그 와중에 새롭게 알게 된 영어 단어들이 있다. 군이 몰라도 될 단어들인 듯하지만 그중 하나가 '샤든프로이더schadenfreude'다. 다른 사람의 불행을 은근히 즐기는 것, 혹은 고소하다고 여기는 마음을 가리킨다. 독일어에서 유래한 단어로 독일어

샤덴Schaden은 피해damage를, 프로이데Freude는 기쁨을 뜻한다. 코로나19의 위험을 무시하는 발언을 일삼던 장본인이 코로나19에 걸렸다는 소식이 전해지자, 내심 고소하다고 느끼는 사람들의 마음을 표현한 단어다.

「USA투데이」에는⟨President Donald Trump's coronavirus infection draws international sympathy and a degree of schadenfreude⟩라는 제목의 기사가 실렸다. '트럼프 대통령의 코로나바이러스 감염에 전 세계가 동정하면서도 약간은 고소하다고 생각하고 있다'는 내용이었다.

트럼프 때문에 관심이 커진 또 다른 영어 단어는 '로고리아logorrhea'다. 맥락 없는 말을 마구 계속하는 걸 가리킨다. 이는 「MSNBC」 앵커 레이첼 매도Rachel Anne Maddow가 트럼프가 토론회에서 보인 행동에 대해 "a monstrous unintelligible display of logorrhea(말도 안 되고 이해할 수도 없는 로고리아의 전시장)"라고 한 데서 나온 말이다. 「워싱턴타임스Washington Times」는 '토론회 밤 가장 많이 검색된 단어는 로고리아, 미국이 로고리아에 시달렸다(The nation has a bout of logorrhea, the most searched word on debate night)'는 기사를 실었다.

사실 logorrhea는 미국인들도 잘 모르는 어려운 단어다. 말, 이성, 연설을 뜻하는 그리스어 logos와 흐른다는 뜻의 ~rrhea가 결합된 단어. 보통 사람들은 logorrhea보다는 'verbal diarrhea'라는 말을 일상에서 주로 쓴다. diarrhea는 '설사'라는 뜻이다. 따라서 logorrhea는

'말로 하는 설사', '말이 설사처럼 마구 나온다'는 뜻이다.

　logorrhea는 '다변증', '어루증'을 가리키는 의학용어다. 「간호학대사전」에 따르면 말이 억제가 안 되고 봇물처럼 쏟아져 나와 멈추지 못하는 상태를 말한다. 생각이 흐트러져 주제가 갈피를 잡지 못하고 바뀌는 경우도 많다. 조현증이나 치매, 망상을 지닌 환자에게서도 나타나는 증상이라고 한다.

CHECK NOTE

- **schadenfreude** : 남의 불행을 은근히 즐기는 것, 고소하다고 느끼는 마음
- **a degree of** : 어느 정도의
- **logorrhea** : 다변증, 맥락 없는 말을 마구 하며 멈추지 못하는 증상
  (=verbal diarrhea)
- **monstrous** : 말도 안 되는, 괴물 같은
- **unintelligible** : 이해할 수 없는
- **debate** : 토론회, 논쟁
- **bout** : 한바탕, 한차례 앓음
- **diarrhea** : 설사

Second Gentleman

사상 최초 세컨드 젠틀맨의 탄생

퍼스트 레이디^{First Lady}는 대통령이나 최고 지도자의 부인이다. 물론 대통령이 남성일 경우다. 대통령이 여성일 경우 남편은 퍼스트 젠틀맨^{First Gentleman}이 된다.

세컨드 레이디^{Second Lady}는 남성 부통령의 아내나 여성 파트너를 가리키는 말이다. 반대로 여성 부통령의 남편이나 남성 파트너는 세컨드 젠틀맨^{Second Gentleman}이 된다. 지금까지 이렇게 불린 사람은 없었다.

하지만 2021년, 드디어 46대 미국 대통령 선거에서 최초의 세컨드 젠틀맨이 탄생했다. 미국 역사상 최초의 여성 부통령 카멀라 해리스의 등장과 함께 그녀의 남편인 더글러스 엠호프^{Douglas Craig Emhoff}가 최초의 Second Gentleman이 된 것이다.

「메리엄-웹스터 사전」은 2021년 1월, 520개의 새로운 단어를 추가했는데 그중 하나가 바로 Second Gentleman이었다. 이 사전은 Second Gentleman을 'the husband or male partner of a vice president or second in command of a country or jurisdiction'으로 정의하며, '과거에 많은 주정부에서 세컨드 젠틀맨이 나오긴 했지만 이번 백악관의 새 가족들 덕분에 마침내 사전에 정식 단어로 등재될 수 있게 됐다'고 밝혔다.

두 사람은 2014년 결혼했는데 카멀라 해리스는 남편의 성을 따라 자신의 성을 바꾸지 않았다. 오히려 남편인 엠호프가 카멀라 해리스의 성인 'Mr. 해리스'로 불리는 중이다. 유명 로펌의 변호사였던 Mr. 해리스는 아내가 부통령이 되자 이후 자신의 직업마저 중단했다. 대신 조지타운대 로스쿨 교수로 합류하기로 했다. 이해충돌^{conflict of interest}을 방지하기 위해서다.

이해충돌이란 '공직에 있는 사람의 사적인 이익과 공적인 책임 사이의 충돌(a conflict between the private interests and the official responsibilities of a person in a position of trust)'이다. 「USA투데이」는 이 결정에 대해 'He's flipping gender norms at a level the nation has never before seen(그는 미국이 과거 한 번도 본 적 없던 수준에서 성 역할을 뒤집었다)'이라고 평가했다.

한편, 미국 46대 퍼스트 레이디 질 바이든 여사는 남편이 대통령에

취임한 후에도 영문과 교수인 자신의 일을 계속하겠다고 밝혔다. 자신의 일을 접고 남편을 보좌했던 과거 퍼스트 레이디들과 다른 새로운 퍼스트 레이디 상을 보여줬다는 평가를 받고 있다.

CHECK NOTE

- **First Lady** : 남성 대통령의 아내
- **First Gentleman** : 여성 대통령의 남편
- **Second Lady** : 남성 부통령의 아내
- **Second Gentleman** : 여성 부통령의 남편
- **male partner** : 남성 파트너
- **jurisdiction** : 사법권, 관할권
- **conflict of interest** : 이해충돌
- **gender norms** : 젠더 규범, 사회적으로 받아들여지는 남녀의 행동 표준

try me

어디 한번 두고 봅시다, 내가 어떻게 하는지

한때 한·일 외교가에서 주목받은 영어 표현이 있다. 그것은 바로 'try me'다. 정의용 전 청와대 국가안보실장은 한·일 군사정보보호협정 (GSOMIA·지소미아)의 조건부 종료 연기 관련한 일본의 대응에 강한 유감을 표시하며, 일본에 "You try me"라고 말했다. try me는 '어디 한번 해 봐라, 두고 보자' 정도의 의미다. 한·일 양측의 합의로 이뤄진 지소미아 종료 연기 결정에 대해 일본이 '일본 외교의 승리', '퍼펙트 게임'이라며 일본의 일방적인 승리라고 주장한 것에 대한 항의였다. 정 실장은 "영어로 try me는 어느 한쪽이 터무니없이 주장하면서 상대방을 계속 자극할 경우 내가 어떤 행동을 취할지 모른다는 경고성 발언"이라고 설명했다.

여기서 동사 try는 '노력하다'가 아닌 '시험하다'의 의미다. 옷 가게에 가서 사고 싶은 옷이 몸에 맞는지 입어보는 걸 try on이라고 하고, 제품을 사용할지 결정하기 위한 테스트나 선수 선발을 위한 예선 경기를 tryout이라고 한다.

'try me'는 일상 대화에서도 자주 쓰이는 말이다. 맥락에 따라 다르지만 엄포와 경고의 뜻을 담은 공격적인 표현으로 쓰일 수 있다. 「메리엄-웹스터 사전」은 'try me'를 '한 번의 기회를 주겠다고 말할 때 사용한다'고 설명하고 있다.

"If we can't agree on a pay rise, I will look for a new job. Try me(월급을 올려주지 않는다면, 다른 직장을 찾아보겠어. 두고 봐. 내가 어떻게 하는지)."

"If you don't finish eating your dinner, I will confiscate your phone. Try me(너 저녁 다 안 먹으면 휴대전화 압수할 거야. 두고 봐)."

공격적인 뉘앙스가 강하다 보니 에둘러 말하는 외교적 표현으로 쓰이는 일은 거의 없다. 따라서 정 실장이 try me라고 한 건 매우 강력한 항의의 표시였다.

이 표현을 국제 관계에서 사용한 사람이 없는 건 아니다. 미국 트럼프 대통령도 비슷한 표현을 쓴 적 있다. 그는 북미 간 군사적 긴장이 높아지던 2017년 북한을 향해 "Do not try us"라고 했다. 당시 트럼프가 했던 말은 "Do not underestimate us. And do not try us"였다. 즉, "우리를 과소평가하지 말라. 계속 이런 식으로 나온다면 진짜 가만히 있지 않겠다"는 강력한 경고였다.

CHECK NOTE

- **try me** : 두고 봐, 가만히 있지 않겠어
- **try on** : 입어보다
- **tryout** : 제품 사용 여부를 결정하기 위한 테스트, 선수 선발을 위한 예선 경기
- **pay rise** : 월급 인상
- **confiscate** : 압수하다
- **underestimate** : 과소평가하다

AS · chairman · disrupt · FOMO · gig economy · headwinds · home · irregular worker

· jeonse · love call · metaverse · rebate · recession · salary

3

경제

AS

한국 같은 애프터 서비스, 외국엔 없다

AS는 '애프터 서비스^{after service}' 혹은 '애프터-세일즈 서비스^{after-sales service}'의 약자다. 한국에서는 대문자를 그대로 읽어서 '에이에스'라고 하는 경우가 많다.

하지만 '에이에스'라고 하면 외국인들은 못 알아듣는다. '애프터 서비스'나 '애프터 세일즈 서비스'라고 풀어서 말해야 한다. 표기할 때도 대문자 AS로 쓰지 말고 after-sales service로 풀어서 써야 한다.

미국이나 영국에서 물건을 구입한 후 AS를 받는 건 한국보다 훨씬 복잡하고 어렵다. 외국엔 한국 같은 AS센터가 별로 없다. 외국에서 가전제품이 고장 나면 대부분 그 물건을 샀던 매장으로 가져간다. 보증

기간^{warranty period} 이내일 경우 그 매장에서 물건을 제조업체로 보내 수리를 받고, 고객은 고쳐진 물건을 받으러 다시 매장을 방문해야 한다. warranty period가 끝난 제품은 매장에서 도움을 주지 않을 것이다. 그럴 땐 소비자가 직접 제조 회사에 연락해서 수리를 요청해야 한다.

한국 같은 AS센터를 운영하는 회사는 거의 없지만 전화로 고객 불만을 접수하는 '커스터머 서비스 센터^{customer service center}'를 운영하는 회사는 간혹 있다. 사정이 이렇다 보니 영어권에서는 after service center도, after-sales service라는 말도 많이 쓰이지 않는다. 어쩔 수 없이 써야 하는 경우라면 애프터^{after} 없이 그냥 '서비스 센터^{service center}'라고 하는 편이 뜻이 더 잘 통한다.

사실 한국에서는 업종이나 판매하는 제품의 구분에 상관없이 AS를 담당하는 곳을 '서비스 센터'라고 부르지만 영어에서는 산업군마다 각각 다르게 표현한다. 예를 들어 자동차가 고장 나면 수리 맡기는 자동차 정비소, 즉 카센터는 그냥 shop이라고 하거나 '오토 리페어 샵^{auto repair shop}'이라고 부른다. '카센터'라는 말은 영어에는 없다. 미국인이나 영국인에게 '카센터'라고 하면 무슨 말인지 못 알아들을 가능성이 크다.

"My car is in the service center"라고 하면 내 차가 카센터에서 수리를 받고 있다는 뜻이 된다. "My car is in the garage"라고 해도 "내 차가 수리 중"이라는 뜻으로 통한다. 직역하면 "내 차가 차고^{garage}에 있다"인데 문맥에 따라 "내 차가 차고에 있다"는 뜻이 될 수도 있고, "내

차는 수리 중이다"라는 뜻으로 쓰일 수도 있다.

CHECK NOTE

- **after service** : AS(=after-sales service)
- **warranty period** : 보증기간
- **customer service center** : 고객 서비스 센터
- **auto repair shop** : 자동차 수리점(=shop)
- **garage** : 차고

chairman

체어맨은 이사회 의장

한국 회사들에는 직급이 상당히 세분화되어 있다. 대체로 사원에서 2~3년 지나면 대리가 되고 또 몇 년이 지나면 과장이 된다. 그리고 차장, 부장을 거쳐 임원이 된다. 임원도 여러 단계다. 이사, 상무, 전무를 지나 사장, 회장이 된다. 상무 하나만 해도 상무보, 상무대우, 상무, 상무A, 상무B 등 회사마다 다양한 종류의 직급이나 직함을 갖고 있기도 하다. 하지만 미국이나 영국의 회사들은 이렇게 직함이 다양하지 않다. 직함title을 중시하는 한국과 달리 서양의 회사들은 역할position을 중시하기 때문이다.

영어에서 조직의 리더는 매니저manager라고 부른다. 팀원이 한 명

있는 조직이든, 100명 있는 조직이든, 리더는 모두 manager다. 전무나 상무라도 자신이 이끄는 조직이나 부서가 없으면, 그러니까 보직이 없으면 manager가 아니다.

임원은 영어로 executive다. 대표이사는 CEO, 즉 chief executive officer다. 사장은 president로 쓸 수 있다. 따라서 사장 아래 직위인 상무나 전무는 vice president쯤 된다. 상무는 vice president, 전무는 executive vice president로 표시하는 회사도 있다.

한국에서 회장은 회사에서 가장 높은 사람을 말한다. 그래서 한국의 기업 오너나 재벌 그룹 오너는 대부분 회장이나 부회장이다. 하지만 영어에서 chairman은 이사회 의장이라는 뜻이다. 그래서 이사회 의장이 아니면서 회장인 경우엔 영어 표기가 애매해진다.

아래 문장은 한진칼의 이사회 의장이며, 한진그룹 회장인 조원태 회장에 대한 기사였는데 같은 chairman이지만 뜻이 다르다는 걸 설명하고 있다.

'Cho Won-tae has been appointed the new chairman of Hanjin Group. Cho is both chairman of the board at Hanjin Kal and chairman of Hanjin Group. The latter is an honorific title given to the member of a chaebol's owner family that runs the group(조원태씨가 한진그룹의 새 회장에 임명됐다. 그는 한진칼의 새로운 이사회 의장이며 한진그룹의 회장이다. 한진그룹 회장chairman of Hanjin Group이라고 할 때의 '회장chairman'이란 재벌그룹을 경영하는 오너 패밀리 멤버에게 주어지는 직함이다).'

CHECK NOTE

- **title** : 직함
- **position** : 역할
- **executive** : 임원
- **president** : 사장
- **vice president** : 부사장, 전무, 상무
- **CEO** : chief executive officer의 머리글자를 딴 말. 대표이사
- **chairman** : 이사회 의장, (한국식) 회장
- **latter** : (둘 중에서) 후자의, (나열된 것 중에서) 마지막의
- **honorific** : 존경을 나타내는, 경칭의

disrupt

파괴하다, 혹은 혁신하다

disrupt의 원래 뜻은 '파괴하다'다. 그다지 좋은 느낌을 주는 단어는 아니었다. 하지만 최근 disrupt의 뜻은 상당히 달라졌다. 기술technology이나 산업industry에 관련된 이야기일 경우 긍정적인 의미일 가능성이 크다.

스타트업이나 중소기업이 혁신적인 기술이나 비즈니스 모델을 통해 새로운 시장을 개척하고, 기존의 질서에 변화를 가져온다는 맥락에서 쓰이는 말이 바로 disrupt다. DVD 우편배달 서비스로 시작해 온라인 동영상 스트리밍 서비스로 발전한 '넷플릭스'가 대표적인 예다.

disrupt의 형용사형인 disruptive, 명사형인 disruption, 그리고 파

괴자라는 뜻의 disrupter와 disruptor 모두 긍정적인 의미로 쓰이는 경우가 많다. 예를 들어 미국 경제전문 채널 「CNBC」는 매년 혁신 기업 50곳을 뽑는 이벤트를 하는데 그 이름이 바로 〈CNBC Disruptor 50〉이다.

2021년 뉴욕증권거래소^{NYSE}에 상장하며 100조원 가까운 기업 가치를 인정받은 '쿠팡'은 2020년 'Disruptor 50'에서 그해 두 번째 혁신 기업으로 선정된 바 있다. 「CNBC」는 당시 쿠팡을 '한국의 아마존'이라고 칭하며 로켓배송과 새벽배송으로 1년에 70회 이상 쿠팡을 이용하는 충성 고객층을 갖고 있다고 설명했다.

disrupt가 이런 의미로 쓰이기 시작한 건 하버드대 경영대학원 교수였던 클레이턴 크리스턴슨^{Clayton M. Christensen}이 1995년 「하버드 비즈니스 리뷰^{HBR}」에 〈Disruptive Technologies: Catching the Wave〉를 발표하면서다. 그는 2003년 저서 『The Innovator's Solution』에서 파괴적 혁신^{disruptive innovation}이라는 용어를 선보이며 비즈니스 모델의 혁신이 중요하다고 강조했다. 이후 disrupt는 전 산업 분야에 걸쳐 급격한 변화를 가리키는 말로 사용되고 있다.

「메리엄-웹스터 사전」에서는 '주목할 만한 단어^{Words We're Watching}'로 disrupt를 꼽으면서 비즈니스와 테크놀로지 분야에서 나타난 가장 최근의 (언어적) 발전 사례이며 그 의미가 계속해서 변화하고 있다고 설명했다.

하지만 이런 경우가 아닐 때는 disrupt가 '파괴하다'는 본래 의미로 사용된다. 'They used physical force to disrupt construction'은 '그들은 건설 현장을 파괴하기 위해 물리적 힘을 사용했다'는 의미다.

CHECK NOTE

- **disrupt** : 파괴하다, 혁신하다
- **disruptive** : 파괴적인 (명사형은 disruption)
- **disrupter(=disruptor)** : 파괴자, 혁신자
- **disruptive innovation** : 파괴적 혁신
- **physical force** : 물리적 힘

FOMO

FOMO의 반대말은 JOMO

남들은 다 하는데 나만 안 하고 있는 건가. 지금이라도 뛰어들어야 하는 걸까. 주가가 오를 땐 이런 생각을 하는 사람들이 늘어난다. 남들은 주식으로 돈 번다는데 나만 가만히 있어도 되는 걸까, 일확천금의 기회를 날려버리고 있는 건 아닐까 불안한 마음을 감출 수 없다. 이런 마음을 포모FOMO라고 한다. FOMO는 'fear of missing out'의 머리글자를 딴 말이다. 다른 사람들이 하는 재미있거나 유익한 일에서 나만 소외된다는 두려움을 가리킨다.

　한때 주식 가격이 급등하자 행여 뒤처질까 빚을 내서 주식 시장에 뛰어드는 개인 투자자들retail investors이 늘어났다. 포모를 느끼는 사람들이 많아지면서 '포모 신드롬'이라는 말도 나왔다. 주식뿐 아니다. 주택 시장에서도 FOMO를 느낀다. 급등한 집값과 강화되는 대출 규제에 내 집 마련의 기회를 영영 잃어버릴지도 모른다는 두려움이 커지면서 무리해서라도 집을 사려는 사람들이 늘었다.

FOMO라는 말이 널리 쓰이기 시작한 건 2004년이다. SNS 사용이 늘면서다. SNS로 친구나 지인들이 무엇을 하고 있는지를 실시간으로 공유하게 되면서, 자신만 소외당하고 있는 건 아닐까 두려워하는 마음을 가리키는 말이었다.

인터넷이 발달하기 전에 사용되던 비슷한 표현으로는 'keeping up with the Joneses(존스네 따라 하기)'가 있었다. 이웃과 자신의 생활을 비교하면서 따라 하는 것으로 FOMO와 비슷한 심리 상태다.

한때는 욜로^{YOLO}라는 말이 유행했다. YOLO는 'you only live once 당신의 인생은 한 번뿐이다'의 머리글자를 딴 말이다. 인생을 즐길 기회를 누리지 않으면 나중에 후회할 수 있다는 의미다.

FOMO와 YOLO 모두 나중에 후회하게 될지도 모른다는 의미가 내포돼 있지만 강조하는 건 조금 다르다. FOMO는 나중에 후회하게 될 수 있다는 두려움의 부정적 감정을, YOLO는 또 다른 기회는 없을지도 모른다며 기회 자체를 강조한다.

FOMO의 반대말은 조모^{JOMO}다. 'joy of missing out'의 머리글자를 딴 말이다. 다른 사람이 무엇을 하든, 비록 자신이 거기서 소외된다고 해도 신경 쓰지 않고 자신이 좋아하는 것을 추구하면서 기쁨을 느끼는 것을 말한다.

- **FOMO** : fear of missing out. 다른 사람들이 하는 재미있거나
  유익한 일에서 나만 소외된다는 두려움

- **retail investor** : 개인 투자자

- **institutional investor** : 기관 투자자

- **keeping up with the Joneses** : 존스네 따라 하기.
  이웃의 생활 방식을 따라하는 것

- **YOLO** : you only live once. 당신의 인생은 한 번뿐이니 현재를 즐기라는 뜻

- **JOMO** : joy of missing out. 소외된다 해도 신경 쓰지 않고 나 자신이 좋아하는
  것을 추구하는 기쁨

gig economy

디지털 시대, 커지는 플랫폼 경제

플랫폼 기업, 플랫폼 노동자라는 말이 부쩍 많이 사용되고 있다. 플랫폼platform은 정거장을 뜻하는 영어 단어다. 플랫폼 기업이란 정거장처럼 사람이나 물건, 서비스 등이 오갈 수 있도록 해 주는 온라인 플랫폼을 운영하는 기업으로 IT 기술의 발달과 함께 등장했다. 차량 공유 서비스인 우버Uber나 숙박 공유 서비스 에어비앤비Airbnb, 온라인 장터를 운영하는 아마존Amazon 등이 대표적이다. 배달의 민족이나 요기요 같은 음식 배달 앱도 여기에 해당한다.

플랫폼 노동자들은 이런 플랫폼 기업에서 일하는 사람들을 말한다. 배달 기사나 우버 차량 기사 등도 플랫폼 노동자다. 영어로는 플랫폼 워커platform worker로 쓸 수 있다. 이들은 택배 회사나 배달업체에 소속된 직원이 아니라 프리랜서 신분이다. 개인 사업자이기 때문에 여러 업체에서 일할 수 있고, 자신이 원하는 시간과 장소를 선택할 수 있다. 이건 장점으로 볼 수 있지만 단점도 있다. 회사에 소속된 직원이 아니기 때문에 근로기준법의 적용을 받지 않는다. 휴가를 쓸 수도 없고 근로 조건을 개선해 달라고 요구할 수도 없다. 이런 근무 형태는 디지털 플랫폼이 늘어나는 만큼 빠르게 늘어나고 있다.

사실 영어로는 플랫폼 이코노미나 플랫폼 워커보다 긱 이코노미gig economy, 긱 워커gig worker로 쓰는 게 일반적이다. 긱gig이란 1920년대 미국에서 재즈 연주자들이 요청에 따라 그때그때 공연하던 것에서 유래했다. 그런 연주를 부르던 말이 gig이었다.

gig economy라는 말이 등장한 것은 2009년 경이다. '서비스 분야에서 임시직이나 프리랜서를 활용하는 경제적 활동(economic activity that involves the use of temporary or freelance workers to perform jobs typically in the service sector)'을 말한다.

긱 워커gig worker는 '서비스 분야에서 독립적인 계약자나 프리랜서로 임시직을 수행하는 사람, 긱 이코노미 종사자(a person who works temporary jobs typically in the service sector as an independent contractor or freelancer : a worker in the gig economy)'로 정의된다. 「메리엄-웹스터 사전」은 2021년 1월 새로운 영어 단어 520개를 공식적으로 추가했는데 gig economy가 그중 하나였다.

CHECK NOTE

- **platform** : 정거장. 정거장처럼 사람이나 물건, 서비스 등이 오갈 수 있도록 해 주는 온라인 플랫폼을 운영하는 기업
- **platform worker** : 플랫폼 기업에서 일하는 노동자
- **gig worker** : 플랫폼 기업에서 일하는 노동자, 플랫폼 워커보다 보편적으로 쓰이는 말
- **gig economy** : 플랫폼 경제
- **gig** : 1920년대 미국에서 재즈 연주자들이 요청에 따라 그때그때 하던 공연
- **freelance worker, freelancer** : 프리랜서
- **temporary worker** : 임시직

headwinds

역풍을 해석하는 다양한 방법

'역풍'이란 배가 향하는 방향과 반대쪽으로 부는 바람을 말한다. 배가 바람을 안고 가게 되니 앞으로 나아가기가 어려워진다. 일이 뜻한 대로 순조롭게 진행되지 못하고 어려움을 겪는 것을 비유적으로 일컫는 말이기도 하다.

역풍에 해당하는 영어 단어는 헤드윈드^{headwinds}다. 반대쪽에서 불어오는 바람, 즉 맞바람을 가리킨다. 비유적 표현으로는 장애물^{obstacle}이나 도전^{challenge}의 의미를 가진 상당히 포괄적인 단어다. 이 경우엔 대체로 복수형 headwinds를 쓴다. 하나의 장애물이나 어려움을 콕 찍어서 말하기보다 다양하고 복합적인 어려움을 두루뭉술 표현할 때 많이 쓰이기 때문이다.

하지만 headwinds를 무조건 역풍으로 번역할 경우 강도나 뉘앙스에 차이가 있을 수 있다. 한국어 '역풍'은 어떤 조치나 사건 때문에 일어나는 부정적인 결과나 반발 여론을 가리키는 표현으로도 많이 쓰이는데 이건 headwinds가 아니라 백래시^{backlash}에 해당한다. 역풍이란 말이 어떤 맥락에서 쓰이고 있는지, headwinds인지 backlash인지를 살펴봐야 올바르게 옮길 수 있다.

예를 들어 국제통화기금^{IMF}이 한국 정부와의 연례협의에서 "한국 경제성장이 역풍을 맞고 있다"고 발표했다는 소식에 한바탕 소란스러웠던 적이 있다. 마치 IMF가 정부의 특정 정책이 한국 경제를 어둡게 만들고 있다고 진단했다는 식으로 이해됐기 때문이다. 하지만 발표문의 영어 원문은 'Korea is facing short- and medium-term headwinds to growth, which requires policy action'이다. 그러면서 headwinds의 내용으로 세계교역 감소, 고용 부진, 인구 변화, 저성장, 가계부채 등 10가지 이상을 나열했다. headwinds가 도전이나 장애물 정도의 뜻으로 사용된 것이다.

하지만 한글로 '역풍'이라는 표현에 놀란 한국 기자들은 "역풍이라는 강한 표현을 쓴 이유가 뭐냐"고 거듭 물었고, 이에 대해 IMF 단장은 "한국 경제는 건조한 펀더멘털을 갖고 있으며 긍정적이라고 생각한다. 하지만 먹구름은 당연히 있다. 일부 요인들은 외부에서 찾을 수 있다"고 답했다. 여기서 '역풍'은 먹구름^{dark clouds}의 뜻이라고 설명하며 그렇게 강한 표현이 아니라고 설명한 것이다.

CHECK NOTE

- **headwinds** : 역풍. 배가 가는 반대쪽으로 부는 바람. (비유적 표현으로) 도전, 장애물
- **obstacle** : 장애물
- **challenge** : 도전
- **backlash** : (어떤 조치나 사건에 대한) 부정적인 결과, 반발 여론
- **IMF** : 국제통화기금(International Monetary Fund)
- **short- and medium-term** : 중·단기
- **growth** : 성장
- **policy action** : 정책 조치
- **dark clouds** : 먹구름

home

아파트, 빌라, 맨션, 원룸, 스튜디오의 차이

누구나 좋은 집에서 편안하게 지내고 싶다. 화려하거나 멋진 집이 아니라도 괜찮다. 마음 편히 쉴 수 있는 집이라면 지친 하루를 위로하는 울타리가 되어 준다. 그래서 집이라는 말에는 거주하고 있는 건물이라는 의미뿐 아니라 돌아가 쉴 수 있는 안식처, 보금자리라는 의미가 담겨 있다. 게다가 한국에서 집은 대표적인 재산 증식의 수단이기도 하다.

그래서인지 한국에선 집을 가리키는 말이 화려하다. 작은 연립주택이나 다세대주택을 빌라나 맨션이라고 부른다. 하지만 원래의 빌라^{villa}는 부자들이 따뜻한 바닷가에 지어 놓은 별장을 가리키는 말이다. 맨션^{mansion}은 상당한 부자이거나 유명인이 사는 대저택을 말한다. 유럽의 대부호라면 도시에는 맨션을, 바닷가에 빌라를 소유하고 있을 가능성이 크다.

영어로 집은 home과 house다. home에는 살고 있는 보금자리라는 의미가 강하고, house는 건물 자체를 가리킨다. home이 동사로 쓰일 땐 '집으로 돌아가다'는 뜻이고, house가 동사로 쓰일 땐 '있을 곳을 제공하다'는 뜻이 된다.

house는 대체로 단독주택을 가리킨다. 영국이나 미국엔 아파트가 많지 않고 대부분의 집이 단독주택의 형태이기 때문이다. detached house(다른 집과 떨어져 있는 집)라고 하면 뜻이 더 분명해진다. 물론 아파트^{apartment}, 플랫^{flat}, 듀플렉스^{duplex}(두 가구가 살도록 만든 집), 타운하우스^{townhouse, terraced house, semidetached house} 모두 house다.

한국에서는 5층 이상 공동주택을 아파트라고 부르지만 미국에선 건물 층수와 상관없이 공동주택이면 다 아파트라고 부른다. 우리가 빌라나 맨션으로 부르는 저층 공동주택도 아파트다. 미국의 아파트는 매달 월세를 내고 사용하는 임대주택이 대부분이다.

flat은 영국에서 아파트를 부르는 말이다. 저소득층을 위한 싸고 낡은 공동주택을 가리키는 경우가 많다. 새로 지은 비싸고 좋은 주거용 고층 빌딩은 apartment라고 부른다.

한국어 '원룸'과 영어 one room은 조금 다르다. one room은 말 그대로 '하나의 방'을 말한다. 하지만 한국에서 '원룸'은 침실, 부엌, 거실 등이 있는 모두 한 공간에 모두 있는 주거 형태를 말한다. 이건 영어로는 studio다. 방 하나에 거실, 부엌, 화장실이 따로 있는 아파트는 one (bed)room apartment다.

CHECK NOTE

- **villa** : 부자들이 따뜻한 바닷가에 지어 놓은 별장
- **mansion** : 부자나 유명인이 사는 대저택
- **detached house** : 단독주택
- **detached** : 다른 집들과 떨어져 있는
- **duplex** : 두 가구가 살도록 만든 집
- **townhouse** : 타운하우스(=terraced house, semidetached house)
- **flat** : 영국에서 아파트를 부르는 말. 주로 저소득층을 위한 공동주택
- **studio** : 원룸

irregular
worker

영어엔 비정규직이 없다

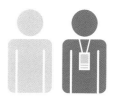

정규직과 비정규직은 영어로 뭐라고 쓸까. 사실 정규직과 비정규직을 부르는 영어 표현은 없다. 미국이나 영국에는 이런 개념이 없기 때문이다. 특히 비정규직이라는 개념이 낯설다.

한국에서 정규직은 계약직과 달리 고용 계약을 매년 새로 맺을 필요가 없으며, 국민연금·건강보험·고용보험·산재보험 등 4대 사회보험의 혜택을 받는다. 일단 정규직이 되면 해고가 쉽지 않기 때문에 법적으로는 정년까지 안정적으로 일할 수 있다.

하지만 미국이나 영국에서는 정년에 대한 개념이 약하다. 대부분 계약을 맺고 일을 한다. 일부 직업의 경우 죽을 때까지 일할 수 있는 종신 재직권이 부여되는 경우가 있는데 이를 테뉴어^{tenure}라고 한다. tenure는 정관계 요직의 임기를 가리키는 말이기도 하다.

한국의 비정규직은 영어로 이레귤러 워커^{irregular worker}로 쓸 수 있다. 이때 irregular worker는 계약직^{contract worker, contractor}, 파트타임 워커^{part-time worker} 등을 포함하는 개념이다. 정규직은 레귤러 워커^{regular worker}로 쓸 수 있다. 정규직은 계약을 갱신할 필요가 없다는 의미에서 퍼머넌트 워커^{permanent worker}나, 파트타임으로 일하는 사람이 아니라는 의미에서 풀타임 직원^{full-time employee}으로 쓰기도 한다.

최근 택배 기사^{delivery worker}들의 과로사가 잇따르면서 사회문제가 되고 있다. 택배 기사들은 특정 회사에 소속돼 일하는 피고용인^{employee}이 아니라 개인 사업자, 즉 스스로 자신을 고용한 셀프 임플로이드한 사람^{self-employed person}이며 계약에 따라 일하는 컨트랙터^{contractor}, 혹은 컨트랙트 워커^{contract worker}다. 원하는 시간에 원하는 만큼 원하는 곳에서 일할 수 있다는 것은 장점이지만 휴가를 쓸 수도 없고 근로 조건 개선을 요구할 권리도 없다. 근로기준법이 적용되지 않는 특수형태근로종사자이기 때문이다.

투자 전문 사이트인 인베스토피디아^{investopedia}에 따르면 self-employed person은 특정 회사나 개인을 위해 일하는 직원과 대비되는 개념으로 독자적으로 일해서 생계를 꾸리는 사람을 말한다. 프리랜서나 계약직도 여기에 포함된다.

한국에서 자영업자라고 하면 흔히 작은 가게를 직접 운영하는 사람들을 말하는데 이 역시 self-employed라고 쓸 수 있다. 미국에서는 가족이 운영하는 가게를 mom-and-pop이라고도 부른다. 단, 프랜차이즈 가게가 아닐 경우에만 이렇게 부른다.

CHECK NOTE

- **tenure** : 종신 재직권
- **irregular worker** : 비정규직 근로자(=contract worker, part-time worker)
- **regular worker** : 정규직 근로자(=permanent worker, full-time employee)
- **delivery worker** : 택배 기사
- **employee** : 특정 회사나 사람에 소속돼 일하는 직원
- **employer** : 고용주
- **self-employed person** : 자영업자
- **contract worker(=contractor)** : 계약직 근로자
- **mom-and-pop** : (미국) 가족이 운영하는 작은 가게. 프랜차이즈 가게는 해당하지 않는다

jeonse

전세는 영어로도 전세, 한국 특유의 제도

전세는 한국 특유의 부동산 제도다. 그래서 한국어 발음대로 jeonse로 쓴다. 마치 재벌^{chaebol}이나 갑질^{gapjil}을 한국어 발음 나는 대로 쓰는 것과 같다.

외국에선 월세로 집을 빌리는 경우가 많다. 그래서 전세를 영어로 표현하려면 약간의 설명이 필요하다. 영어로 간단히 설명하려면 '롱 텀 하우징 렌털 디포짓^{long-term housing rental deposit}'이라고 할 수 있다. 대체로 해외에선 1년 단위로 계약이 이뤄지니 2년 전세는 long-term에 해당한다. deposit은 나중에 돌려받기로 하고 주는 돈, 즉 보증금이다.

보증금을 '키 머니^{key money}'라고 부르는 경우도 있다. 하지만 key

money는 나라마다 다른 의미로 쓰이며, 영국이나 미국에서는 거의 쓰이지 않는 말이다.

'럼섬 하우징 리스lump-sum housing lease'나 '롱텀 렌트 위드 럼섬 디포짓 long-term rent with lump-sum deposit', 즉 '거액의 보증금을 내고 장기간 집을 빌리는 것'이라고 설명할 수도 있다. lump-sum이란 큰돈을 일시불로 내는 경우에 쓴다.

한국의 전세 제도는 장단점이 있다. 월세를 내지 않고 2년 후에 낸 돈 전부를 돌려받는다는 건 장점이다. 하지만 한꺼번에 큰돈을 마련하기 힘든 경우엔 부담이 된다.

Jeonse is a Korean real estate custom in which tenants pay a lump-sum deposit which is returned to them without interest when they vacate the apartment at the end of a fixed term(전세는 한국의 부동산 제도로 세입자가 많은 액수의 보증금을 내고 정해진 기간이 끝나 나갈 때 이 돈을 이자 없이 돌려받는 제도다).

정부는 갭 투자를 막기 위해 다양한 방안을 고안하고 있다. 갭 투자란 전셋값과 집값의 차이가 적은 집을 전세 끼고 사는 걸 말한다. 갭 투자는 영어로 gap investment라고 쓴다. 하지만 전세가 한국에만 있는 것처럼 갭 투자 역시 한국 특유의 현상이다.

In so-called gap investments, investors purchase a property while inheriting the jeonse contract of the tenant living in the apartment. This allows the buyer to own the property with little capital(일명 갭 투자에서 투자자는 거주 중인 세입자와 전세 계약을 유지한 채 집을 구입한다. 이 경우 적은 돈으로 집을 살 수 있다).

★ 남미 일부 국가에도 한국의 전세와 비슷한 제도가 있다고 한다.

CHECK NOTE

- **jeonse** : 전세
- **housing lease** : 주택임대차
- **tenant** : 세입자
- **deposit** : 보증금
- **lump-sum** : 일괄의, 총액의, 한꺼번에 지급하는
- **interest** : 이자
- **vacate** : 비우다, 떠나다
- **property** : 재산, 소유물, 부동산, 건물

love call

러브콜은 콩글리시, 영어로는 woo

연예인에게 러브콜이 쏟아진다면 광고 모델로 쓰고 싶다는 요청이 쏟아지고 있다는 뜻일 것이다. 스포츠 선수에게 러브콜이 쏟아진다면 영입하려는 구단이 많다는 뜻일 가능성이 높다.

이렇게 다양한 분야에서 쓰이는 '러브콜'은 '러브'와 '콜'의 합성어다. 영어 단어를 조합한 말이지만 한국에서만 쓰이는 콩글리시다. 「메리엄-웹스터 사전」과 「콜린스 사전」에서 love call을 검색하면 '찾을 수 없다'고 답한다.

하지만 아예 없던 말은 아닌 듯하다. 「옥스퍼드 사전」에는 17세기 초 영국 문학에서 사용됐다는 설명이 있다. '사랑하는 연인에게 보내는 감정 표현(call or other expression of emotion used by one lover to another)', 혹은 '동물이 짝짓기를 위해 내는 소리(cry or sound made by an animal during courtship or in order to attract a mate)'로 정의한다.

이는 한국에서 쓰이는 러브콜의 의미와 상당히 다르다. 한국에서는 출연 요청, 매수 신청, 영입 시도 등 다양한 분야에서 사용되지만 사랑하는 연인들이 서로를 부르는 표현으로 쓰이는 경우는 거의 없다.

그러면 우리가 쓰는 '러브콜'을 영어로는 어떻게 바꿔야 할까. 'woo'가 비교적 비슷한 단어라고 할 수 있다. woo는 '지지를 호소하다, 혹은 지지를 얻으려 구애하다'는 뜻이다. 과거엔 주로 '이성에게 구애하다'는 뜻으로 쓰였지만 최근에는 그 뜻이 확대돼 다양한 분야에서 쓰이고 있다.

'그 가게가 새로운 손님을 끌기 위해 가격을 인하했다'는 'The store had a sale in an effort to woo new customers'라고 표현할 수 있다.

'현대자동차가 인도에 러브콜을 보내고 있다', 즉 현대자동차가 인도 시장 진출에 힘을 쏟고 있다는 내용이라면 'Hyundai Motor is still working hard to woo Indian consumers as the world's second-most populous country emerges as one of the fastest growing markets in the global auto industry'로 쓸 수 있다. '현대차가 인도 소비자들의 호감을 얻기 위해 노력하고 있다. 인도는 세계 2위의 인구 대국이며 세계 자동차 시장에서 가장 빠르게 성장하는 나라 중 하나다'는 뜻이다.

CHECK NOTE

- **woo** : 구애하다, 호감을 얻다, 끌어들이다
- **courtship** : 교제, 구애
- **mate** : 친구, 짝짓기하다
- **populous** : 인구가 많은

metaverse

현실을 초월했지만 현실과 가장 닮은 메타버스

메타버스는 3차원 가상세계를 가리킨다. '~를 초월하는, ~ 이상의'라는 뜻을 가진 접두사 'meta'와 세계를 뜻하는 유니버스^{universe}를 합친 말이다. meta라는 접두사와 명사가 결합된 말들로는 메타피직스^{metaphysics}, 메타데이터^{metadata}, 메타픽션^{metafiction} 등이 있다. metaphysics는 형이상학이다. 물리학이^{physics} 자연 세계에서 물체의 구성과 작용 등을 연구하는 학문이라면, metaphysics는 그 너머 사물의 본질, 존재의 근본 원리를 탐구한다.

matedata는 '데이터에 대한 데이터'로 데이터의 유형이나 정보를 정리한 데이터다. metafiction은 현실과 소설이 섞여 있는 소설이다.

소설 속에서 소설의 창작 과정을 드러내거나, 소설 속 소설의 형식을 취하기도 한다. 또 비평에 대한 비평을 메타비평metacriticism, 이론에 대한 이론을 메타이론metatheory이라고 부른다.

metaverse라는 말이 처음 등장한 건 미국의 SF 소설가 닐 스티븐슨이 쓴 1992년 작 『스노 크래시』로 알려져 있다. 소설 속 가상세계의 이름이 '메타버스'다.

최근에는 미국 게임회사 '로블록스Roblox'가 뉴욕증권거래소NYSE에 화려하게 상장하면서 메타버스는 더욱 관심을 끌고 있다. 로블록스의 궁극적 목표는 '메타버스'를 창조하는 것이라고 한다. 게임 '포트나이트' 제작사인 에픽게임즈 CEO는 "메타버스는 인터넷의 다음 버전이다"라고 말했다.

로블록스가 구현하는 메타버스는 3차원 그래픽으로 구현된 게임 속 세상이다. 그 속에서 나의 분신이 다른 이들과 전쟁을 벌이기도 하고, 집을 짓기도 하고, 물건을 사고팔기도 한다. 네이버의 '제페토' 역시 2억 명 이상의 사용자를 확보하며 글로벌 메타버스 플랫폼으로 부상하고 있다.

메타버스가 과거 '싸이월드'나 '세컨드라이프'와 다른 점은 그 안에서 뭔가를 만들거나 판매해 돈을 벌 수 있다는 것이다. 로블록스는 게임을 만들어 올린 이용자와 수익을 5대5로 나눈다. '게임판 유튜브'라고 불리는 이유다. 네이버 제페토에서도 옷이나 가방 같은 가상의 아이템을 팔거나 웹 드라마를 제작해 수익을 올릴 수 있다.

메타버스는 새로운 만남의 장소이기도 하다. 지난해 4월 미국 트래비스 스콧이 '포트나이트'에서 개최한 콘서트에는 전 세계 1,200만 명 넘는 팬들이 참여했다. BTS도 포트나이트에서 신곡 발표회를 했다. 블랙핑크는 제페토에서 팬 사인회를 열어 4,600만 명을 만났다.

CHECK NOTE

- **meta** : ~를 초월하는, ~ 이상의
- **universe** : 세계
- **physics** : 물리학
- **metaphysics** : 형이상학
- **metadata** : 메타데이터. 데이터의 유형이나 정보를 정리한 데이터
- **metafiction** : 현실과 소설이 섞여 있는 소설
- **metacriticism** : 비평에 대한 비평
- **metatheory** : 이론에 대한 이론. 메타이론
- **metaverse** : 3차원 가상 세계

rebate

리베이트는 행운의 돈, 뇌물은 kickback

한국에서 '리베이트'는 불법적으로 전해지는 뒷돈, 혹은 뇌물이다. 하지만 영어 rebate는 그런 뜻이 아니다. 오히려 긍정적인 느낌을 주는 단어다. 예상하지 않았는데 굴러들어온 일종의 '행운의 돈'이라는 뉘앙스를 갖고 있다.

rebate의 사전적인 의미는 '지불한 돈 일부를 돌려받는 것'이다. 「메리엄-웹스터 사전」은 명사 rebate를 'a return of a part of a payment'로 정의한다. 대표적인 예는 연말정산으로 돌려받는 일명 '13월의 월급'이다. 과다 징수된 세금을 돌려받고, 덜 낸 세금을 더 내는 게 연말정산year-end tax settlement인데, 이 tax settlement 덕분에 돌려받는 세금

경제

을 tax rebate라고 한다.

이동 통신 업체가 기깃값을 깎아 주는 경우에도 rebate를 쓸 수 있다. 기깃값의 일부를 돌려받는다는 의미가 포함돼 있기 때문이다. 'Customers who choose pricier mobile plans can receive a 100,000 won rebate on the phone or a 20 percent discount on their phone bill.' 이 문장은 '비싼 요금제를 선택한 소비자들은 기깃값에서 10만원을 돌려받거나, 통신요금의 20%를 할인받을 수 있다'는 뜻인데, 여기서 돌려받는 기깃값을 10만원의 리베이트라고 표현했다. 리베이트와 디스카운트가 같은 의미로 쓰인 경우다.

'The government decided to offer a 10 percent rebate on energy-efficient home appliance'는 '정부가 에너지 효율이 높은 가전제품을 사는 사람들에게 구매 금액의 10%를 돌려주기로 했다'는 뜻이다. 이 문장에선 10% rebate라는 표현이 등장한다.

그렇다면 뇌물에 가깝게 사용되는 불법 리베이트는 영어로 어떻게 쓸까. 뇌물이라는 뜻의 영어 단어인 bribe나 kickback으로 쓰면 된다. Authorities raided A Pharmaceutical for allegedly giving kickbacks(당국이 불법 리베이트 의혹을 받는 A제약을 압수수색했다). 여기서 불법 리베이트illegal rebate라고 해도 틀린 건 아니다. 하지만 kickback이 더 자연스럽다. rebate라는 단어가 서양에선 긍정적인 의미로 쓰이기 때문에 불법과 연루된 사건을 설명할 경우 어색하게 느껴질 수 있다.

CHECK NOTE

- **rebate** : 낸 돈의 일부를 돌려받는 것
- **tax rebate** : 세금 환급
- **year-end tax settlement** : 연말정산
- **mobile plan** : 휴대전화 요금제
- **energy-efficient** : 에너지 효율이 높은, 에너지가 덜 드는
- **allegedly** : 혐의를 받는, ~이라고들 말하는
- **bribe** : 뇌물
- **kickback** : 불법 사례금, 뇌물

recession

불황을 표현하는 다양한 경제용어들

경기가 나쁘다는 의미의 단어로는 리세션^{recession}, 슬로다운^{slowdown}, 다운턴^{downturn}, 디프레션^{depression} 등이 있다. 다 비슷한 뜻이긴 하지만 엄밀하게 따지면 용법이 조금씩 다르다.

슬로다운^{slowdown}은 '경기 둔화'에 가깝다. 경제 활동의 성장세가 둔화하는 현상으로 실질 국민총생산^{GDP}은 증가하고 있으나, 그 증가율이 감소하는 경우에 사용한다.

다운턴^{downturn}은 '경기 하강'이다. 경기의 순환 주기 상 상승 국면에서 하강 국면으로 옮겨 가는 것을 말한다.

리세션^{recession}은 '경기 침체' 혹은 '경기 후퇴'다. 경제 활동이 활기를 잃어 규모가 전반적으로 축소되는 현상이다. 미국 국립경제조사국 NBER은 실질 GDP가 2분기 연속 감소하면 recession으로 정의한다.

디프레션depression은 리세션recession보다 더 심각한 상황에 쓴다. depression으로 불리는 경우는 많지 않다. 미국에선 1929년 대공황 the Great Depression에만 depression을 붙인다. 당시 미국의 GDP 는 10% 감소했고, 실업률은 25%에 달했다.

미국 투자 전문 사이트 인베스토피디아investopedia 따르면 1854~ 2018년 사이 미국에는 총 33차례의 경기침체recession가 있었다. 그 중 1929년 대공황과 2008년 금융위기financial crisis가 가장 심각했던 recession이었다. '2008년 금융위기'는 'the Great Depression'에 빗대 'the Great Recession'이라고도 불린다. 이 기간 미국 GDP는 2008년 0.3%, 2009년 2.8% 감소했고 실업률은 10%에 달했다.

코로나19 팬데믹 이후 전 세계 정부와 중앙은행은 적극적인 경기 부양책을 펼쳤다. 한국도 재난지원금을 여러 차례 지급했다. 급한 불 을 끄기 위한 정책이었지만 시장에 돈이 너무 많이 풀려 돈의 가치가 낮아지고 인플레이션이 닥칠 수 있다는 우려도 생겨났다.

인플레이션inflation은 화폐가치가 하락해서 물가가 전반적이고 지 속적으로 상승하는 현상을 말한다. 물가가 상승하면 같은 돈으로도 살 수 있는 물건이 적어지고 서민 생활이 어려워진다. 'the decline of purchasing power of a given currency over time'이다.

디플레이션deflation은 반대로 상품과 서비스의 가격이 지속적으로 하락하는 현상을 가리킨다. 디플레이션은 투자와 소비를 위축시켜서 불황을 초래할 수 있다. 'a general decline in prices for goods and services'로 정의된다.

CHECK NOTE

- **slowdown** : 경기 둔화
- **downturn** : 경기 하강
- **recession** : 경기 침체
- **depression** : 아주 심각한 경기침체
- **inflation** : 화폐가치가 하락해서 물가가 전반적이고 지속적으로 상승하는 현상
- **deflation** : 상품과 서비스의 가격이 지속적으로 하락하는 현상

salary

시급, 월급, 연봉, 소득, 그리고 소득주도 성장

월급쟁이를 뜻하는 샐러리맨^{salaryman}은 원래 일본 비즈니스맨을 가리키는 말이었다. 그러다가 이제는 월급 받고 일하는 직장인을 가리키는 말로 굳어졌다. 하지만 실제 서구 영어권에서는 이 단어를 잘 쓰지 않는다. 서양보다는 아시아 지역에서 주로 쓰이는 단어다. 그러면 서양에서는 월급쟁이를 어떻게 표현할까.

가장 근접한 표현은 오피스 워커^{office worker}나 비즈니스맨^{businessman}이다. 우리가 '샐러리맨'이라고 하면 흔히 떠올리는, 사무실에서 일하는 화이트칼라 직장인^{white-collar worker}을 가리킨다. 반대로 생산 현장에서 일하는 육체노동자는 블루칼라 직장인^{blue-collar worker}, 또는 매뉴

얼 워커manual worker라고 한다. manual이란 '손으로 하는, 육체노동의, 수동의'라는 뜻이다.

샐러리salary는 월급이라는 뜻도 되고 연봉이라는 뜻도 된다. 연봉 협상은 영어로 샐러리 네고시에이션salary negotiation이다. 샐러리가 월급이라면 웨이지wage는 시급이다. 시간 단위 임금을 말한다. 최저임금은 시급이 기준이기 때문에 영어로 미니멈 웨이지minimum wage다. 인컴income은 소득이다. 샐러리든, 웨이지든, 보너스든 집에 가져가는 돈을 모두 합쳐서 소득이라고 한다. '소득주도 성장'은 영어로 income-led growth로 쓴다.

주휴수당이라는 개념은 미국이나 영국에는 없다. 따라서 이에 해당하는 영어 단어도 없다. 한국에선 주 15시간 이상 일한 근로자에게는 주 1회 유급휴일을 주고, 이날 지급되는 하루치 급여를 주휴수당이라고 한다. 일부 인터넷 어학 사전에서는 주휴수당을 benefit이나 extra pay로 설명하는데 정확한 표현은 아니다. benefit이나 extra pay는 법으로 정해진 게 아니라 회사가 자체적으로 정해서 주는 보너스나 수당, 휴가 등을 가리키는 말이기 때문이다.

한국의 주휴수당은 '법으로 정해진 여가 수당statutory-leisure pay'이나 '법적 의무인 유급 휴가 시간legally-mandated paid holiday hours' 정도로 풀어서 설명해야 의미가 전달된다.

CHECK NOTE

- **office worker** : 사무직 근로자
- **businessman** : 사무직 근로자
- **white-collar worker** : 사무직 근로자
- **blue-collar worker** : 생산직 근로자
- **manual worker** : 육체노동자
- **salary** : 월급, 연봉
- **wage** : 시급
- **minimum wage** : 최저임금
- **income** : 소득
- **income-led growth** : 소득주도 성장

actress · LGBTQ · sexual assault · they

4

성평등

actress

여배우는 없다, 배우가 있을 뿐

배우는 영어로 actor, 여배우는 actress였다. 하지만 요즘엔 그렇게 말하지 않는다. 여배우도 actress가 아닌 그냥 actor라고 한다.

「가디언」은 2010년부터 여배우를 actress가 아닌 actor로 쓰고 있다. 배우 우피 골드버그Whoopi Goldberg는 2011년 한 인터뷰에서 "An actress can only play a woman. I'm an actor - I can play anything(actress는 여자만 연기할 수 있다. 나는 actor다. 어떤 것도 연기할 수 있다)"고 말하기도 했다. 단, 아카데미 여우주연상Academy Award for Best Actress 같은 공식 명칭이나 문맥상 여배우라는 걸 밝혀 줘야 하는 경우엔 actress라고 쓸 수 있다.

이처럼 영어에서는 남성 명사와 여성 명사에 대한 구분이 사라지고 있다. 남자가 하는 일, 여자가 하는 일이 구분돼 있지 않은 직업의 세계에선 더욱 그렇다. 여성 명사를 쓰면 오히려 구식old fashioned으로 느껴진다.

여자 승무원은 스튜어디스stewardess, 남자 승무원은 스튜어드steward로 구분하지 않는다. 모두 캐빈 크루cabin crew다. 또 경찰관은 더는 폴리스맨policeman이 아닌 폴리스 오피서police officer다. 앵커맨anchorman과 앵커우먼anchorwoman을 구별하지 않고 모두 앵커anchor라고 부른다. 소방관은 파이어맨fireman이 아니라 파이어 파이터fire fighter다. 우편집배원은 mailman이나 postman이 아니라 postal officer라고 한다.

우리가 흔히 사용하는 개그맨이나 개그우먼의 경우엔 어떨까? 사실 gag man이나 gag woman은 영어에선 거의 쓰이지 않는 단어다. 남녀 구별 없이 모두 코미디언comedian으로 쓴다.

이런 변화가 나타나기 시작한 건 여성 운동이 본격화된 1970년대 이후다. 오랜 시간을 거쳐 조금씩 변화해 왔다. 2001년 미국 뉴욕주 상원은 주법을 개정했는데 'he'는 모두 'he or she'로, 'to all mankind'는 'to all humankind'로, assemblyman은 assembly member로, chairman은 chairperson으로 바꾸는 내용이었다.

2013년 워싱턴주는 주법에 성중립적 표현을 의무화하는 법안을 통과시켰다. 이후 성직자clergyman는 clergy로, 철도신호원signalman은 signal operator로 수정됐다.

CHECK NOTE

- **actor** : (남자, 여자) 배우
- **actress** : 여배우
- **cabin crew** : 승무원
- **police officer** : 경찰관
- **comedian** : 코미디언
- **humankind** : 인간
- **assembly member** : 의원
- **chairperson** : 의장
- **clergy** : 성직자
- **signal operator** : 철도신호원

LGBTQ

무지개처럼 다양한 성소수자

영어로 동성애자는 호모섹슈얼homosexual, 성소수자는 섹슈얼 마이너리티sexual minority다. 하지만 실제로 서양에서 많이 쓰는 표현은 아니다. 성소수자를 가리키는 영어 표현은 LGBT다. 다양한 성소수자를 포괄하는 상위개념어, 즉 blanket term으로 성소수자 커뮤니티 전체를 말할 때 쓴다.

LGBT는 여자 동성애자인 레즈비언lesbian, 남자 동성애자인 게이gay, 양성애자인 바이섹슈얼bisexul, 성전환자인 트랜스젠더transgender의 머리글자를 딴 말이다. 최근에는 LGBT에 Q를 더해 LGBTQ로 쓴다. Q는 queer 또는 questioning의 머리글자다. 성적정체성을 명확히 할 수 없는 사람을 말한다.

여기에 I나 A를 더해 LGBTQIA라고 쓰기도 한다. I는 intersex 의 머리글자다. 남성과 여성의 생식기를 모두 갖고 태어난 간성間性을 가리킨다. A는 성에 관심이 없는 무성애자를 말한다. asexual, aromantic, agender의 머리글자다.

LGBT라는 말이 처음 쓰이기 시작한 건 1988년 미국에서다. LGBTQ로 확장된 건 2016년 미국 성소수자 인권 단체인 GLAAD가 LGBTQ로 쓸 것을 권고하면서다. 일부에선 LGBTQ+플러스로 쓰기도 한다.

한국에서는 매년 6월 성소수자 축제인 '퀴어 문화 축제'와 '퀴어 퍼레이드'가 열린다. 해외에서도 매년 6월이면 성소수자들의 퍼레이드가 열린다. '프라이드 퍼레이드Pride Parade'다. 1969년 6월 뉴욕 게이 바에서 벌어진 '스톤월 항쟁'을 기념하기 위한 행사다. 스톤월 항쟁이란게이 바 '스톤월 인Stonewall Inn'을 경찰이 단속하는 과정에서 충돌이 발생했던 사건으로 게이 인권 운동gay rights movement의 분기점이 된 사건이다.

퀴어queer는 원래 '이상한'이라는 뜻을 가진 단어지만 성소수자들은 스스로를 가리키는 말로 긍정적으로 승화시켜 사용하고 있다. LGBT처럼 성소수자 전체를 가리키는 말로 쓰인다.

⚡CHECK NOTE

- **LGBTQ** : 성소수자
- **homosexual** : 동성애자
- **bisexual** : 양성애자
- **sexual minority** : 성소수자
- **gay** : 남성 동성애자
- **lesbian** : 여성 동성애자
- **transgender** : 성전환자
- **queer** : 괴상한, 성소수자
- **questioning** : 성정체성을 명확히 할 수 없는
- **intersex** : 간성(남녀 성의 형질이 혼합돼서 나타남)
- **asexual** : 무성의, 성에 관심이 없는(=aromantic, agender)
- **Pride Parade** : 매년 6월 열리는 성소수자 퍼레이드
- **gay rights movement** : 동성애 인권 운동

sexual
assault

성폭력은 sexual violence가 아니다

일부 영어사전에는 성폭력을 영어 sexual violence로 설명하고 있다. '성적인', '성관계에 의한' 이라는 뜻의 형용사 sexual과 폭력을 가리키는 명사 violence를 합쳐서 만든 말이다. 하지만 영어권에서 성폭력을 sexual violence라고 부르는 경우는 많지 않다. 사용한다 해도 그 의미가 한국에서 쓰는 성폭력과 일치하지 않을 가능성이 크다.

먼저 성폭력이라는 한국어의 의미를 살펴볼 필요가 있다. 한국에서 성폭력이란 성희롱, 성추행, 성폭행(강간)을 모두 포함하는 포괄적 개념, 혹은 상위 개념의 말이다. 성희롱은 성적으로 수치심을 주는 말이나 행동을 말한다. 말로 하는 성희롱은 영어로 verbal abuse다. 성추행은 상대방의 의사에 반해 물리적인 신체접촉을 함으로써 성적수치심을 불러일으키는 행위다. 성폭행은 강간이나 강간 미수를 가리킨다. 그런데 성폭력을 sexual violence로 표기하면 물리적 폭력만을 가리키는 말이 되기 때문에 말로 하는 성희롱이나 가벼운 성추행 등은 포함되지 않는다.

성폭력처럼 그 아래 여러 세부 종목을 포함하는 말을 블랫킹 텀blanket term, 혹은 엄브렐라 텀umbrella term이라고 한다. 포괄적 용어, 혹은 상위 개념어 정도의 뜻이다.

예를 들어 pop music(=popular music)은 blanket term이다. 그 아래 댄스음악, 재즈, 포크 음악 등 다양한 장르를 포함하는 말이다. 금속노조 아래 현대자동차 노조나 현대중공업 노조가 포함돼 있는데 이때 금속노조는 umbrella union이라고 한다.

그렇다면 성폭행, 성추행, 성희롱을 아우르는 blanket term인 성폭력을 영어로는 뭐라고 할까. sexual assault, sexual misconduct, sexual harassment라고 하면 뜻이 통한다. 모두 성폭력을 가리키는 blanket term이다. 원래 sexual harassment는 직장 내 괴롭힘을 의미했지만 최근에는 성폭력 전체를 지칭하는 말로 범위가 넓어졌다.

sexual harassment, sexual assault, sexual misconduct 안에는 어떤 행동이 포함될까. 강간rape, 강간미수forced sex short of rape, 성적인 의도로 껴안거나 더듬는 것groping, 만지는 것touching, 키스하는 것kissing, 그리고 성적인 협박sexual threats, 언어폭력verbal abuse 등이 포함된다. 또

성기 등 자신의 신체를 노출하는 행위exposing oneself도 성폭력에 포함된다.

CHECK NOTE

- **sexual** : 성적인, 성관계에 의한
- **verbal abuse** : 말로 하는 성희롱
- **blanket term** : 포괄적 용어, 상위개념어(=umbrella term)
- **umbrella union** : 상급 노조
- **harassment** : 괴롭힘
- **assault** : 폭행, 공격
- **misconduct** : 잘못된 행동
- **sexual assault, sexual misconduct, sexual harassment** : 성폭력
- **grope** : 더듬다

they

3인칭 복수 아닌 성 중립적 3인칭 단수

일반적으로 우리가 아는 they는 2명 이상을 가리키는 3인칭 복수형 대명사 '그들'이다. 하지만 「메리엄-웹스터 사전」이 2019년 새로운 단어에 포함한 they는 단수형 대명사로서의 they다. he나 she로 구분할 수 없거나 이런 구분을 거부하는 사람을 부르는 3인칭 단수 대명사다.

「메리엄-웹스터 사전」은 이에 대해 'they는 1300년대 이후 단수 대명사로도 사용돼 왔다. they의 변화는 you의 변화와 같은 양상이다. 현재 you는 단수형과 복수형 모두 사용된다. 반대 의견이 없는 것은 아니지만, they는 이제 가벼운 일상 대화뿐 아니라 공식 문서에서도 단수형으로 쓰이고 있다'고 설명했다. they를 단수형 대명사로 쓸 수 있다고 선언한 것은 「메리엄-웹스터 사전」만이 아니다. 미국언어연구회American Dialect Society는 2015년 '올해의 단어'로 단수형singular they를 선정한 바 있다.

「워싱턴 포스트」는 2015년 자사의 스타일 가이드에 단수형 they를 포함했다. 「워싱턴 포스트」 에디터 빌 월시Bill Walsh는 단수형 they에 대해 "성 중립적인 사람을 가리키는 단수형 대명사가 없는 영어에 유일하게 합리적인 대안"이라고 말했다.

가수 샘 스미스Sam Smith는 자신을 가리키는 대명사로 they와 them을 사용하겠다고 선언했다. 그는 2019년 자신의 트위터에 "I've decided I am changing my pronouns to THEY/THEM after a lifetime of being at war with my gender. I've decided to embrace myself for who I am, inside and out"라고 썼다.

They는 성소수자만을 가리키는 단어가 아니다. 남성인지 여성인지 알 수 없거나 이런 구분을 거부하는 사람이라면 누구나 they로 쓸 수 있다. 이 때문에 서양 미디어에서는 인터뷰할 때 상대가 어떤 대명사로 불리기를 원하는지를 미리 물어보고 그 선택을 반영한다.

3인칭 단수형 대명사로 쓰인 they라도 동사는 is나 was, does 같은 단수형이 아닌 are나 do 같은 복수형으로 받아야 한다. 예를 들어 "Sam smith is a singer"라고 말한 다음에 '그가 거리를 걷고 있다'고 하려면 대명사 he 대신 they를 써서 "They are walking in the street"라고 해야 한다.

CHECK NOTE

- **they** : 3인칭 복수 대명사. 최근에는 성 중립적 3인칭 단수형 대명사로도 쓰인다. he나 she로 구분할 수 없는 경우에 쓴다.

- **pronoun** : 대명사

- **embrace** : 껴안다, 받아들이다

- **inside and out** : 안팎으로, 완전히, 모두

- **singular** : 단수형

- **plural** : 복수형

성평등

at-home workout · bat flip · DVD · Good luck! · head-to-head

· impaired · strike · tournament

5

스포츠

at-home workout

헬스장 대신 집 안에서 홈트

코로나19 이후 '홈트족'이 대거 늘어났다. 헬스장이 문을 닫거나, 감염 우려 때문에 밖에 나가기가 꺼려진 이들이 집에서 운동하는 쪽을 선택 하면서다.

'홈트'는 '홈 트레이닝'을 줄인 말이다. 홈 트레이닝은 영어 home과 training을 합쳐서 만든 말이다. 하지만 영어권 외국인에게 홈 트레이 닝을 한다고 말하면 무슨 뜻인지 모를 가능성이 크다. 처음 이 말을 들 은 한 미국인 지인은 "음… 집에서 개를 훈련하는 건가요?"라고 되물 었다.

이런 오해를 불러일으키는 건 동사 트레인^{train} 때문이다. train이나

training은 대체로 트레이너^{trainer}가 교습이나 훈련을 해 주는 상황에서 쓴다. 홈 트레이닝이라는 말을 처음 들은 그 미국인은 집에서 뭔가를 훈련한다고 하니 강아지를 훈련하냐고 물었던 것이다. 아기나 강아지 배변 훈련을 가리키는 말은 potty training, 혹은 toilet training이다.

운동하는 건 영어로 workout이다. 따라서 홈 트레이닝은 동사로 workout at home, 혹은 exercise at home이다. 명사형은 at-home workout 이나 at-home exercise다.

한국뿐 아니라 미국, 유럽 등 전 세계에서 코로나19가 빠르게 퍼져 나가면서 해외에서도 홈 트레이닝이 늘고 있다. 코로나19가 빠르게 확산하던 때인 2020년 3월 미국 일간지 「뉴욕 포스트^{New York Post}」에 실린 〈At-home workout tips and tricks if you're in self-isolation〉 기사는 자가 격리 중인 사람들을 위한 홈 트레이닝 방법을 소개하는 내용이었다.

일간지 「글로브 앤드 메일^{Glove and Mail}」에 실린 〈As coronavirus shutters gyms, it's important to develop an at-home workout routine〉 기사는 '홈 짐^{home gym}'까지 갖추지 않아도 간단한 기구로 할 수 있는 운동을 소개하는 내용이었다. home gym이란 러닝머신이나 벤치프레스 등을 갖춘 운동 전용 방을 가리킨다. 한국에서 러닝머신이라고 불리는 실내용 달리기 기계는 영어로 트레드밀^{treadmill}이라고 부른다. 누워서 무거운 쇳덩이(바벨. barbell)를 들어 올리는 기구는 bench press다. 홈트를 위해 구비해 두면 좋은 간단한 운동기구^{equipment}로는 아령, 밴드, 케틀벨 등을 꼽을 수 있다. 아령은 영이로 dumbbell, 밴드는 resistance band 라고 한다. 케틀벨은 영어 그대로 kettlebell로 쓴다.

CHECK NOTE

- **potty** : 유아용 변기, 미친, 정신 나간
- **workout** : 운동하다
- **exercise** : 운동하다
- **home gym** : 러닝머신·벤치프레스 등을 갖춘 운동 전용 방
- **treadmill** : 러닝머신
- **barbell** : 바벨, 역도할 때 들어 올리는 무거운 쇳덩이
- **equipment** : 기구
- **dumbbell** : 아령

bat flip

전 세계 야구팬들을 흥분시킨 한국의 '빠던'

코로나19로 전 세계 스포츠가 멈춘 사이, 한국 프로야구가 미국 스포츠 채널 「ESPN」을 통해 중계되어 화제를 모았다. K팝, K드라마, K뷰티에 이어 K방역이 전 세계의 주목을 받는 가운데 이번에는 K야구에 관심이 쏠렸다.

야구의 종주국인 미국인들에게 한국 프로야구에서 가장 인상적인 것은 속칭 '빠던(빠따 던지기)', 즉 배트 플립bat flip이었다고 한다. 미국과 캐나다에서 bat flip은 상대편 투수를 자극하는 무례한disrespectful 행동으로 받아들여진다. bat flip에 별다른 의미를 부여하지 않는 한국이나 대만, 남미 야구와는 다른 점이다.

그건 미국에서 야구는 신사적인 태도가 중시되는 스포츠이기 때문이다. 자신의 홈런을 자랑해서 투수를 기분 나쁘게 만드는 bat flip은 상대방을 존중하지 않는 비신사적인 행동이라고 생각하는 것이다. 대체로 골프, 테니스, 크리켓, 폴로 같은 종목들은 비신사적으로 여겨지는 행동을 피하는 경향이 있다.

한국 야구 용어는 대부분 영어를 그대로 쓰거나 한국어와 병행해서 쓰고 있어서 용어상에 큰 차이는 없다. 홈런은 home run, 삼진은 strikeout이다. 타자가 배트를 휘두르지도 못하고 삼진당할 때 흔히 '룩킹 삼진'이라고 하는데 영어로 strikeout looking이다.

단, 볼넷은 영어로 four balls가 아니라 base on balls다. 야구장 전광판에는 머리글자를 따서 BB로 표시한다. 타자가 볼넷으로 출루하는 상황은 걸어나갔다고 해서 'Batter walks to the first base'라고 표현한다.

한국에서 '백넘버'라고 부르는 선수들의 등번호는 '저지 넘버^{jersey number}'라고 부른다. jersey는 운동경기용 셔츠를 가리킨다.

응원한다는 뜻의 영어 표현으로 가장 많이 쓰이는 건 root for이다. 미국 스포츠 팬들의 사이트인 'FANSIDED'에는 〈Blue Jays: Which KBO team should you root for?〉라는 제목의 기사가 실렸다. '블루 제이스(토론토 프로야구팀)의 팬들은 한국의 어떤 야구팀을 응원해야 할까'는 뜻이다.

역전승은 영어로 come-from-behind victory다. 'NC 다이노스

가 끝내기 홈런으로 KT 위즈에 7대6으로 역전승했다'를 영어로 하면
'The NC DINOS came from behind to beat the KT WIZ 7-6 with a
walk-off home run'이다.

CHECK NOTE

- **bat flip** : 배트 던지기(빠던)
- **batter** : 타자
- **disrespectful** : 무례한, 경멸하는
- **strikeout looking** : 룩킹삼진. 스윙하지 않고 당하는 삼진
- **base on balls** : 포볼
- **jersey number** : 등번호
- **walk-off home run** : 끝내기 홈런
- **come-from-behind victory** : 역전승하다

DVD

손흥민을 DVD라고 불러 퇴출당한 유튜버

한 영국인 축구 해설자가 손흥민 선수를 DVD라고 불러 인종차별 시비에 휘말린 적이 있었다. 클로드 칼리가리Claude-Callegeri라는 이름의 이 해설자는 2020년 여름 영국 프로축구 프리미어리그EPL 아스널 Arsenal F.C. 팬들의 유튜브 채널인 'AFTV'에서 토트넘Tottenham Hotspur과 아스널의 경기를 해설하던 중이었다.

이날 경기에서 1골 1도움을 기록하며 활약한 토트넘의 손흥민이 후반 추가 시간에 교체되자 칼리가리는 "DVD가 나간다"고 말했다. 인종차별 논란이 일자 뒤늦게 "그런 뜻이 아니라 토트넘이 이기면 또 하나의 DVD가 출시될 것이라는 말이었다"고 변명했지만 "이해할 수 없는 변명"이라는 비난만 받았다. 그는 결국 AFTV에서 퇴출당했다.

DVD는 아시아계 이민자들을 낮춰 부르는 말이다. 아시아계 이민자들이 불법 복제한 싸구려 DVD를 노점에서 판매하는 것에 빗대 이들을 낮춰 부르는 말로 쓰였다. 하지만 실제로 이 말의 뜻을 아는 영국인들은 많지 않다. 런던의 일부 지역에서 통용되는 말로 특히 일부 축구 팬들 사이에서 사용된다.

처음 이 말이 인종차별적인 용어로 부각된 건 2005년이다. 영국 울버햄프턴 원더러스Wolverhampton Wanderers에서 활약하던 설기현 선수가 밀월Millwall과 경기를 하고 있는데, 밀월 팬들이 설기현 선수를 DVD라고 부르기 시작했다.

밀월은 런던의 남동쪽에 있는 다소 낙후된 지역으로 밀월 팬들은 영국 내에서도 거칠고 폭력적인 것으로 악명이 높다. 훌리건hooligan으로 불리는 광적인 축구 팬들이 많은 팀이다.

훌리건이란 축구 경기에서 폭력을 행사하며 난동 부리는 팬들을 가리킨다. 2005년 나온 영화 〈그린 스트리트Green Street〉의 배경도 이곳이었다. 이 영화는 웨스트햄과 밀월 팬들 사이의 폭력 사태를 그린 영화다. 웨스트햄과 밀월, 아스널 모두 런던의 축구팀이다.

영국뿐 아니라 유럽 전역에서 인종차별은 심각한 문제다. 특히 축구 경기에서 인종차별적인 공격이 매우 빈번하게 일어나고 있다. 영국 맨체스터 유나이티드Manchester United에서 활약했던 박지성 선수도 2011년 팬들이 응원가로 일명 '개고기 송'을 불러 인종차별 논란에 휩

싸웠다. 리버풀 Liverpool F.C.과의 경기였는데 당시 문제가 된 응원가의 내용은 '박지성의 나라에서는 개를 먹지만 쥐를 먹는 리버풀보다는 낫다'는 것이었다.

CHECK NOTE

- **dvd** : 아시아계 이민자들을 낮춰 부르는 말로 영국 일부 지역에서 쓰임
- **hooligan** : 축구 경기에서 폭력을 행사하며 난동 부리는 광적인 축구 팬
- **wanderer** : 방랑자
- **racial discrimination** : 인종차별
- **racist** : 인종차별주의자

Good luck!

'파이팅'은 콩글리시, 영어로는 Good luck!

한국에서 '파이팅'은 격려, 위로, 축하, 응원 등 다양한 용도로 쓰인다. 경기에 나가는 선수들에게도 "파이팅!"을 외치고, 새 직장을 얻은 친구에게도 "파이팅"이라고 한다. 소개팅에 나가는 친구에게 잘해보라고 할 때도 "파이팅"이다.

"파이팅!"은 '싸우다'라는 뜻의 동사 fight에서 나온 듯하다. 그렇다고 해서 "파이팅!"을 "Fighting!"으로 번역하는 건 어색하다. 그보다는 "응원합니다", "힘내라"가 적절하다. 그렇다면 영어로는 어떻게 표현할까.

만약 스포츠 경기에 출전하는 선수들에게 응원을 보내고 싶은 거라면 root for라는 표현을 쓸 수 있다. "아임 루팅 포 유!I am rooting for you!"
라고 하면 "나는 당신을 응원합니다"라는 뜻이 된다. 예를 들어 "I'm
rooting for climber Kim Ja-in and fencer Nam Hyun-hee"를 직역
하면 "나는 클라이밍 김자인 선수와 펜싱의 남현희 선수를 응원합니
다"가 된다. 조금 더 의역한다면 "클라이밍 김자인 선수, 파이팅! 펜싱
남현희 선수, 파이팅!"이라고 할 수 있다.

야구장에서 좋아하는 팀이나 선수를 응원할 때는 어떻게 할까. 잠
실 야구장에 간 '두산 베어스' 팬이라면 "두산 파이팅~!", 사직 야구장
에 간 '롯데 자이언츠' 팬이라면 "(4번 타자) 이대호, 파이팅~!"이라고 목
이 쉬도록 응원할 것이다. 이 경우 비슷한 표현은 Go! 정도다. "Go,
Doosan! Go!" "Go, Lee Dae-ho!"라고 외치는 것과 같다.

하지만 실제 미국 야구장에서 좋아하는 팀이나 선수의 이름을 부르
며 큰 소리로 응원하는 일은 거의 없다. 노래방을 방불케 하는 한국의
프로야구 경기장에 비해 미국의 야구 경기장은 훨씬 조용하고 어쩌면
엄숙하기까지 한 분위기다. 미국에서 프로야구 경기가 종교 의식에 가
깝다면, 한국의 프로야구 경기장은 신나는 '클럽' 분위기다.

한국의 "파이팅"처럼 다양한 경우에 쓸 수 있는 영어 표현은 "Good
luck!"이다. "행사 잘 치러, 파이팅!", "시험 잘 봐, 파이팅!" 등 일상 대
화에서 파이팅 대신 "Good luck!"을 쓰면 무난하다.

이는 "치얼 업cheer up"과는 뉘앙스가 조금 다르다. cheer up은 상대
방이 힘든 상황에 있거나 슬픔에 빠져 있을 때 격려하는 말로 쓰인다.

CHECK NOTE

- **good luck!** : 행운을 빈다, 파이팅!
- **root for** : 응원하다
- **climber** : 등반가
- **fencer** : 펜싱선수
- **cheer up** : 격려하다

스포츠

head-to-head

일대일 만남에도 종류가 있다

얼굴을 마주 대하는 것과 머리를 마주 대하는 건 어떤 차이가 있을까. 한국어에서는 별 차이가 없는 듯하다. 하지만 영어 페이스 투 페이스 face-to-face와 헤드 투 헤드head-to-head는 조금 다르게 쓰인다. face-to-face는 둘뿐 아니라 셋 이상 여럿이 대면하는 상황에서 쓰는 말이다. 하지만 head-to-head는 두 사람, 혹은 두 그룹이 대결하는 상황에서 쓰인다.

한·일 정상회담에 앞서 대통령이 "양국 간 현안을 해결하려면 직접 만나서 솔직한 대화를 나누는 것이 가장 큰 힘이라고 생각합니다"라고 말했다면 영어로는 "For the two countries to resolve pending issues, a face-to-face meeting and a candid dialogue are the most powerful means"로 옮길 수 있다. 직접 얼굴을 맞대고 하는 만남은 face-to-face meeting, 그렇게 만나서 나누는 대화는 face-to-face conversation이다.

head-to-head는 적대적인 상황에서 승부를 내야 하는 두 사람의 만남을 말할 때 쓴다. 경쟁competition이나 전투battle와 어울리는 말이다.

예를 들어 '이세돌 9단과 인공지능 바둑 프로그램 한돌이 대결을 벌였다'는 'Lee Se-dol went head-to-head with artificial intelligence program Handol'이다. head-to-head는 스포츠에서 많이 쓰인다. 상대 전적을 가리키는 말이 바로 head-to-head record다.

가령 프로야구 징규리그에서 두산 베어스가 LG 트윈스와 동률을 기록했지만 상대 전적에서 앞서 우승했다면 이를 영어로는 'The Bears took the pennant because they finished with a better head-to-head record than the Twins'라고 한다.

비슷한 말로는 one-on-one이 있다. '일대일' 정도로 번역할 수 있는데 다양한 상황에서 광범위하게 쓰인다. '나는 김씨와 일대일 미팅이 있다'는 'I have a one-on-one meeting with Mr. Kim', '손흥민이 골키퍼와 일대일 대치했다'는 'Son Heung-min faced the goalie one-on-one'으로 쓸 수 있다.

toe-to-toe는 더 공격적인 승부에 대한 묘사로 head-to-head에 가

깝다. 또 양측이 막상막하의 실력으로 팽팽한 대결을 펼친다는 의미를

담고 있다.

CHECK NOTE

- **face-to-face** : 마주하는, 대면하는
- **head-to-head** : (대결 상황에서) 대면하는
- **pending issue** : 현안
- **candid dialogue** : 솔직한 대화
- **pennant** : 우승기, (야구에서) 정규리그
- **one-on-one** : 일대일의
- **goalie** : 골키퍼(=goalkeeper)
- **toe-to-toe** : 정면으로 맞선

impaired

장애인은 희생자가 아니다

20~30년 전까지만 해도 장애인은 영어로 '더 핸디캡드the handicapped'나 '핸디캡드 퍼슨handicapped person'이라고 했다. 핸디캡handicap은 명사로 장애, 혹은 불리한 조건이라는 뜻이다. 동사로는 '불리하게 만들다'는 뜻이다.

하지만 요즘엔 장애인을 이렇게 표현하지 않는다. 장애인에 대해 부정적인 이미지를 준다는 이유에서다. handicap이 왜 부정적인 이미지를 주는지에 대해서는 의견이 분분하다. 어떤 이들은 옛날에 장애인들이 모자를 들고 구걸하는 경우가 많았는데 거기서 유래한 단어이기 때문이라고 보기도 한다. 'capped'라는 말에 한계라는 의미가 담겨 있어서 부정적인 이미지를 주기 때문이라고 생각하는 이들도 있다.

handicap 대신 많이 쓰이는 말은 disability다. 동사 디스에이블 disable은 '장애를 입히다, 망가뜨리다'는 뜻이고, 형용사형 disabled 는 '장애를 가진'이란 뜻이다. 장애인은 'disabled person'으로 쓸 수 있다. 하지만 집합명사로서 장애인 전체를 가리키는 'the disabled'는 쓰지 않는다. 장애인을 다른 특징을 가진 특별한 집단으로 차별하는 표현이 될 수 있기 때문이다.

최근에는 disabled도 피해야 한다고 주장하는 이들이 많다. '능력이 부족한, ~를 할 수 없는'이라는 뜻이 있기 때문이다. 대신 등장한 단어는 임페어드impaired다. 동사는 impair로 '손상하다, 훼손하다'라는 뜻이다. impaired person이라고 하면 장애인이라는 뜻이 된다. 집합명사 the disabled를 쓰지 않듯이 the impaired라고 쓰지 않는다.

패럴림픽 조직위원회에서는 장애인 선수를 묘사할 때 disability 대신 impairment를 쓸 것을 권고한다. 뭘 할 수 없는지가 아니라 뭘 성취했는지에 주목해야 한다는 의미에서다. 조직위는 또 장애인을 희생자, 즉 victim으로 표현하지 말라고 했다. '~ 때문에 고통을 당하다'는 뜻의 동사 suffer from도 쓰지 말 것을 권고했다. 장애인은 장애와 함께 살아가는live with 사람이지, 장애로 인해 고통을 받는suffer from 희생자victim가 아니기 때문이다.

청각장애인은 deaf나 hard of hearing으로 쓴다. hard of hearing 이 더 격식을 갖춘 표현이다. 시각장애인 blind는 visually impaired

라고 쓸 수 있다.

- **handicap** : 장애, 불리한 조건, 불리하게 만들다
- **impair** : 손상하다, 훼손하다
- **impaired person** : 장애인
- **disabled person** : 장애인
- **impairment** : 장애 (동의어 disability)
- **deaf, hard of hearing** : 청각 장애인
- **visually impaired** : 시각 장애인

스포츠

strike

파업과 보이콧의 차이

미국 프로농구^{NBA} 선수들이 인종차별에 대한 항의 표시로 출전을 거부하고 경기장을 떠나는 일이 있었다. 흑인 남성 블레이크^{Blake}가 경찰에 의해 피격된 사건에 대한 항의 표시였다. 이는 야구·테니스·축구 등 다른 스포츠 종목으로 확대돼 일부 경기가 연기됐다. 2020년 8월 있었던 이 사건은 이후 보이콧^{boycott}과 스트라이크^{strike}의 차이에 대한 논쟁으로 이어졌다. 프로농구 선수들이 이런 이유로 경기장을 떠난 것이 boycott인가 strike인가에 대한 논쟁이었다.

르브론 제임스^{Lebron James} 등 유명 농구 선수들은 이를 boycott이라고 주장했지만 이견도 있었다. 뉴욕주 알렉산드리아 오카시오-코르테스Alexandria Ocasio-Cortez 민주당 의원은 NBA 선수들의 행동을 보이콧이라고 한 「뉴욕타임스」 기사를 지적하며 스트라이크로 써야 한다고 주장하기도 했다.

「뉴욕타임스」는 이후 〈N. B. A. 'Boycott' or Strike : What's the Difference(보이콧과 스트라이크는 뭐가 다른가?)?〉라는 기사를 통해 이 논쟁에 대한 전문가들의 견해를 소개했다. 「메리엄-웹스터 사전」은 이와 관련 NBA 선수들의 행동은 boycott에도 strike에도 해당하지 않는다고 설명하고 나섰다. 이 사건이 벌어진 8월 27일 당일 이 사전에는 두 단어에 대한 검색량이 평소의 2,800%에 달했기 때문이다.

「메리엄-웹스터 사전」은 '이런 혼란은 선수들의 행동이 두 단어의 정의에 정확하게 일치하지 않기 때문일 것이다'라며 'strike는 피고용 직원들이 고용주에게 급여나 복지, 근무조건 개선을 요구하기 위해 업무를 중단하는 단체행동'이라고 정의했다. boycott은 뭔가를 거부함으로써 어떤 사람이나 기업, 단체에 압력을 가하려는 집단행동이라고 설명했다.

NBA 선수들은 일을 중단했으니 strike에 가깝지만, 자신들의 이익을 위한 파업이 아니었고, 파업의 대상 역시 고용주인 구단이 아니었기 때문에 strike라고 할 수도 없다는 것이었다.

한국에서는 비슷한 시기에 의사들의 집단휴진이 있었다. 당시 집단휴진은 정부 정책에 대한 항의표시였다. 따라서 정확한 의미의 strike라고 할 수는 없지만, 업무를 중단했다는 점에서는 strike에 가깝다. 의사 국가고시^{national medical-licensing examination} 거부는 업무를 거부한 것이 아니기 때문에 보이콧^{boycott}에 해당한다.

CHECK NOTE

- **boycott** : 뭔가를 거부함으로써 어떤 사람이나 기업, 단체에 압력을 가하려는 집단행동
- **strike** : 피고용 직원들이 고용주에게 급여나 복지, 근무조건 개선을 요구하기 위해 업무를 중단하는 단체행동
- **end** : 끝내다
- **medical reform** : 의료개혁
- **scheme** : 계획, 제도
- **national medical-licensing examination** : 의사 국가고시

tournament

한국에 잘 못 알려진 토너먼트의 뜻

한국에서 토너먼트 경기라고 하면 싸워서 진 팀은 탈락하고 이긴 팀만
다음 경기에 나서는 경기 방식을 말한다. 흔히 '토너먼트로 치러진다'
라고 표현한다. 하지만 영어로 토너먼트는 한국에서 쓰는 토너먼트와
는 뜻이 조금 다르다.

　미국이나 영국에서 토너먼트는 경기 방식이 아닌 대회 자체를 가
리키는 말이다. 주로 단기간 치러지는 대회를 말한다. 예를 들어 월드
컵은 그 자체가 '토너먼트'다. 'US오픈' 같은 골프 대회도 토너먼트라고
부른다. 1년 이상 장기간 치러지는 대회는 '리그league'라고 한다. 1년
단위로 진행되는 프로야구나 프로축구 리그가 여기에 해당한다.

그러면 우리가 아는 그 '토너먼트', 한 번 지면 그 대회 자체에서 탈락하게 되는 경기 방식은 뭐라고 할까. 'knockout'이다. 동사 knockout은 '나가떨어지게 만들다, 때려눕히다'라는 뜻이고, 명사형과 형용사형은 knockout이다.

'녹아웃 스테이지knockout stage'는 토너먼트, 즉 승자만 다음 라운드로 진출하고 패자는 탈락하는 방식으로 치러지는 단계다. 지난 월드컵을 예로 든다면 32개국이 조별 경기를 마친 후 치른 16강, 8강, 4강, 결승전이 'knockout stage'였다.

knockout stage의 전 단계, 흔히 '조별 리그'라고 부르는 단계는 group stage다. 한국에서는 '조별 리그'라고 하는 편이 뜻이 더 잘 통하지만 영어로 group league라고 쓰지 않고 group stage로 쓴다.

리그와 시즌도 다르다. 시즌은 리그가 이뤄지는 시기를 말한다. 한국에서는 조별 리그를 '매치 플레이'나 '매치 게임'이라고 부르기도 하는데, 이것도 틀린 표현이다. match와 game은 같은 뜻이다. 따라서 '매치 게임'이나 '매치 플레이'는 동어 반복에 불과하다.

한편, 경기 종목에 따라 match를 쓰는 게 자연스러운 종목도 있고, game이라고 하는 게 더 자연스러운 종목도 있다. 예를 들어 축구는 game과 match를 다 쓰기 때문에 뭘 써도 별 상관이 없지만, 테니스는 match다. 야구는 언제나 game이다.

CHECK NOTE

- **tournament** : (월드컵이나 올림픽 등) 짧은 기간 동안 진행되는 스포츠 대회
- **league** : 1년 이상 계속되는 스포츠 대회
- **knockout stage** : 승자만 다음 단계로 올라가고 패자는 탈락하는 경기 단계
- **knock out** : (동사) 때려눕히다. 명사형과 형용사형은 knockout
- **group stage** : 조별 경기 단계
- **match** : 경기(테니스는 언제나 tennis match)
- **game** : 경기(야구는 언제나 baseball game)
- **season** : 리그가 진행되는 시기를 부르는 말

BJ · chemistry · every cloud · flex · padded coat · retro · Take five · tension

6

·

유행어

BJ

성적 표현으로 오해하기 쉬운

한국에서 BJ는 인터넷 생방송 진행자를 가리키는 말이다. 브로드캐스트 자키broadcast jockey의 머리글자를 딴 말이라고 알려져 있다. 하지만 broadcast jockey라는 말은 영어에는 없다. BJ는 영어권에서 많이 쓰는 말이긴 하지만 뜻이 아주 다르다.

BJ는 주로 성적인 용어로 쓰인다. 이 때문에 한국의 인터넷 미디어 사정을 잘 모르는 외국인에게 누군가가 BJ로 활동하고 있다고 하면 오해할 수 있다. 물론 BJ에 성적인 뜻 외에 다른 뜻이 없는 건 아니다. 구글에서 BJ를 검색하면 BJ the Chicago Kid가 맨 처음 나온다. 이건 래퍼의 이름이고 여기서 BJ는 그 이름의 머리글자다. 그다음으로 나오는 건 B. J. Goodson이다. 이 역시 미식축구 선수의 이름이다. 물리학 용어인 bicep jerk의 약자이기도 하다. 하지만 보통 사람들이 쓰는 말은 아니다. 이렇게 특별한 경우가 아니라면 서양에서 BJ는 거의 성적인 의미로 쓰인다고 봐도 무방하다.

외국인들이 이해할 수 있게 인터넷 생방송 진행자를 설명하려면 라이브 스트리머live-streamer라고 하면 된다. 가장 근접한 표현이다.

BJ와 달리 VJ나 DJ는 영어권에서도 한국에서와 비슷한 의미로 쓰이는 용어다. VJ는 비디오 자키video jockey의 약자다. MTV 같은 음악 전문채널에서 뮤직비디오 소개 프로그램 진행자를 video jockey, 줄여서 VJ라고 부른다. jockey는 기수라는 뜻이다.

라디오 음악 프로그램 진행자는 radio DJ라고 한다. DJ는 디스크 자키disc jockey의 약자다. radio presenter, radio personality라고도 한다.

인터넷 생방송 진행자를 한국에서 BJ로 쓰기 시작한 건 아프리카TV에서 활동하는 인터넷 생방송 진행자를 '방장'으로 부르기 시작하면서부터라고 한다. 방장의 머리글자를 따서 BJ라고 불렀는데, 이것이 나중엔 브로드캐스트 자키의 머리글자라고 여겨졌다.

한국에선 유명한 인터넷 플랫폼마다 진행자를 가리키는 각자의 용어를 갖고 있다. 아프리카TV에서는 BJ, 트위치에서는 스트리머streamer, 유튜브에서는 유튜버youtuber로 지칭한다. 하지만 최근에는 플랫폼에 상관없이 생방송을 진행하면서 시청자들과 실시간 소통하는 사람이라면 누구나 BJ로 불러도 뜻이 통할 만큼 BJ가 대표적인 호칭으로 자리 잡았다.

CHECK NOTE

- **broadcast** : 방송
- **live-streamer** : 인터넷 생방송 진행자
- **jockey** : 기수
- **VJ** : video jockey의 약자. MTV 같은 음악전문 채널에서 뮤직비디오 소개 프로그램 진행자를 비디오자키, 혹은 VJ라고 부른다.
- **DJ** : disc jockey의 약자.
- **radio DJ** : 라디오 DJ(=radio presenter, radio personality)

chemistry

케미가 좋다, 케미가 잘 맞는다

동사 '썸타다'는 아직 연인 관계는 아니지만 그렇다고 친구 관계도 아닌, 사귀는 듯 아닌 듯 가까이 지내는 것을 말한다. 명사 '썸'은 사귀기 전의 미묘한 관계로 사귀는 사이는 아니지만 다른 사람보다 더 특별한 사람과의 관계를 일컫는다.

사전에 등재된 표준어는 아니지만, 누구나 알고 있는 말이다. 가수 소유와 정기고의 노래 '썸'을 통해 '내 거인 듯 내 거 아닌 내 거 같은 너'로 굳어졌다. 여기서 썸은 영어 something에서 온 말인 것 같다. 실제로 'There is something going on between them'이라고 하면 그들 사이에 특별한 뭔가가 있다는 뜻이다. 비슷한 단어로 케미스트리

chemistry를 꼽을 수 있다. 한국에서는 '케미가 좋다' '케미가 잘 맞는다'는 식으로 줄여서 많이 쓴다.

chemistry의 원래 뜻은 화학이다. 물질의 구조, 성질, 변화, 응용 등을 연구하는 학문이다. 그런데 물질의 성질뿐 아니라 사람들 사이의 관계relationship에 대해 이야기할 때도 쓴다. 「메리엄-웹스터 사전」은 이런 chemistry를 '상호 간의 강력한 끌림, 애착, 공감 혹은 함께 일하는 사람들 사이에 조화를 이루거나 효과적인 상호작용'이라고 정의한다.

이런 chemistry는 논리적으로 설명하기 어려운 감정이다. 대체로 처음 본 순간 생겨나는 본능적인 감정이다. 이유는 알 수 없다. chemistry는 때로는 비슷한 점 때문에 생기기도 하고 서로 간의 차이 때문에 생겨날 수도 있다.

chemistry는 남녀 간의 성적인 끌림을 가리키는 sexual chemistry나 romantic chemistry의 의미로 많이 쓰이지만, 비이성 친구와 단번에 친해지거나 좋아하게 되는 emotional chemistry에도 사용된다. 스포츠 경기나 회사에서 팀원들 간의 조화를 통해 좋은 성과를 내는 경우엔 team performance chemistry가 좋은 것이다.

이렇게 사람들 사이의 좋고 친밀한 관계를 가리키는 단어로 rapport라는 말도 있다. good chemistry를 가진 사람들 사이에선 rapport가 쉽게 형성된다.

케미컬chemical은 화학 물질이라는 뜻이다. 형용사형으로 '화학의, 화학 반응의'다. chemical reaction은 '화학반응'이다. 어떤 물질이 자체적으로나 다른 물질과 상호작용해서 화학적 성질이 다른 물질로 변하는 현상을 화학반응이라고 한다.

- **chemistry** : 사람들 사이의 관계를 말할 땐 상호 간의 조화, 끌림, 애착
- **sexual** : 성적인
- **romantic** : 연애의, 낭만적인
- **emotional** : 감정적인
- **performance** : 실적, 성과, 공연
- **rapport** : 친밀한 관계
- **chemical** : 화학물질, 화학반응의
- **chemical reaction** : 화학 반응. 다른 물질과 반응해서 다른 물질로 변하는 현상

every cloud

모든 구름 뒤엔 빛이 있다

긴 문장을 짧게 줄인 형태가 숙어로 굳어진 말들이 있다. every cloud 가 그런 경우다. 원래 문장은 'Every cloud has a sliver lining(모든 구름은 실버 라이닝을 갖고 있다)'는 뜻이다. 아무리 어렵고 힘든 일이라고 해도 좋은 면이 있다'는 의미다. 하지만 요즘엔 그냥 every cloud라고만 해도 같은 뜻으로 통한다. 실버 라이닝silver lining이란 구름의 가장자리, 혹은 구름 가장자리로 새어 나오는 빛을 말한다.

　'The Phrase Finder(www.phrases.org.uk)'에 따르면 이 말의 기원은 영국 시인 존 밀턴John Milton의 1634년 작품『코무스Comus』로 거슬러 올라간다. 여기에 '검은 구름이 실버 라이닝을 드러낸다(there does a sable cloud turn forth her silver lining)'는 구절이 나오는데 이후 많은 이들이 어려움 속에 숨은 희망이라는 의미로 실버 라이닝을 썼다.

　1800년대 패니 펀Fanny Fern이라는 필명으로 활동한 미국의 한 칼럼니스트가 쓴 글 가운데 'Every cloud has a silver lining'으로 시작하는 에세이도 있다. 어려움 속에서 진정한 용기와 지혜를 얻을 수 있다고 격려하는 내용이다.

"Every cloud has a silver lining; and He who wove it knows when to turn it out. So, after every night, however long or dark, there shall yet come a golden morning."

(모든 구름에는 실버 라이닝이 있다. 이것을 지으신 이는 언제 그것을 드러낼지 알고 있다. 그러니 모든 밤이 지난 후, 그 밤이 길고 어두울지라도, 금빛 아침은 온다.)

every cloud는 일상에서도 많이 쓰인다. '나는 경기에서 이기지는 못했지만, 모든 훈련을 마친 후 기분이 좋았다. 나쁜 일에도 좋은 면은 있는 법이니까'라고 하려면 'Even though I didn't win the race, I feel great after all the training. Well, every cloud!'라고 하면 된다.

　문장을 줄여 쓰는 또 다른 말 중에 'Don't count your chickens(닭을 세지 마라)'가 있다. 'Don't count your chickens before they hatch'를 줄인 말이다. 알이 부화해 닭이 되기 전에는 닭을 미리 세지 마라, 즉 어떤 좋은 일이 실제로 일어나기 전에 미리 축하하지는 말라는 의미다.

CHECK NOTE

- **every cloud** : Every cloud has a silver lining의 줄임말.
  아무리 어렵고 힘든 일이라고 해도 좋은 면이 있다는 의미
- **silver lining** : 구름의 가장자리, 구름 가장자리로 새어 나오는 빛
- **sable** : 흑 담비
- **turn forth** : 쫓아내다. 추방하다
- **wove** : weave의 과거형. (옷감 등을) 짜다, 만들다
- **count** : 세다
- **hatch** : 부화하다

flex

돈 자랑하다, 돈을 마구 쓰다

'오늘 나 플렉스 해 버렸어.' 이 말은 '오늘 돈을 왕창 써 버렸다'는 뜻이다. 젊은 층에서 유행하는 말로 '돈 자랑하다, 가진 돈을 탕진하다, 비싼 물건을 샀다'는 뜻으로 쓰인다.

영어 flex는 '구부리다'는 뜻이다. 스트레칭하면서 몸을 굽히거나 발끝 등을 앞쪽으로 구부리는 것도 flex라고 한다. 형용사형은 flexible. '신축성 있는, 유연한'이라는 뜻이다.

flex one's muscle은 글자 그대로 근육을 구부린다는 뜻인데, '힘을 보여주다, 능력을 보여주다'는 의미의 숙어로 쓰인다. 팔을 구부려서 알통을 도드라져 보이게 하는 모습을 연상하면 된다.

'The former actress has already flexed her muscles while fulfilling her royal duties since announcing her engagement to Prince Harry last November.'

2018년 8월 '엘르닷컴'에 실린 기사 속 이 문장에서 'flexed her muscles'는 해리 왕자의 약혼자였던 메건 마클이 왕실의 일원으로서 의무를 다할 준비가 돼 있다, 혹은 그럴 능력이 있다는 걸 보여줬다는 뜻으로 쓰였다. 하지만 메건 마클은 해리 왕자와 결혼 이후 왕실과 결별을 선언했으며, 인종차별을 당했다고 폭로했다.

미국에서도 flex는 '자랑하다'는 뜻으로 쓰인다. 한국에선 돈 쓰는 걸 자랑한다는 의미로 쓰이는 경우가 많지만, 미국에선 돈뿐 아니라 뭐든 자랑하는 건 모두 flex한다고 말한다. 「메리엄-웹스터 사전」은 flex에 대해 '인터넷이나 소셜 미디어에서 show off나 stunt의 뜻으로 쓰인다'고 설명했다. stunt는 '사람들의 이목을 끌기 위해 하는 과한 행동, 혹은 그런 행동을 하다'는 뜻이다.

1990년대 미국 힙합 가수들 사이에서 이 말은 어려운 환경에서 자수성가한 본인의 삶을 자랑하는 경우 많이 쓰였다고 한다. 하지만 성공해서 돈을 많이 벌었고 그 돈을 마구 쓸 수 있다는 걸 자랑하는 사례가 늘어나면서 최근에는 자수성가의 의미보다 돈 쓰는 행위 자체를 가리키는 표현으로 쓰인다.

한때 미국에서는 'weird flex but OK! 좀 이상한 자랑인 거 같지만 어쨌든 오케이!'라는 조롱이 소셜 미디어에서 유행한 적이 있었다.

2018년 연방 대법관 브렛 캐버노^{Brett Michael Kavanaugh}가 고교 시절 성폭력 가해자였다는 의혹에 대해 자신은 고교 때는 물론이고 그 후로도 수년간 virgin이었다고 해명하자 그에 대해 한 유튜버가 던진 말이었다.

CHECK NOTE

- **flex** : 자랑하다, 구부리다
- **flexible** : 신축성 있는, 유연한
- **show off** : 자랑하다
- **stunt** : 사람들의 이목을 끌기 위해 과한 행동을 하다
- **fulfill** : 이행하다, 달성하다
- **weird** : 기이한

padded coat

옷에 대한 호칭은 나라마다 다르다

겨울철이면 거리에서 '패딩' 입은 사람들을 쉽게 볼 수 있다. 솜·오리털·
거위털 등을 넣은 외투를 가리킨다. 한국에서 패딩이라고 부르는 걸
영어로는 패디드 코트^{padded coat}나 패디드 재킷^{padded jacket}이라고 한
다. '롱 패딩'은 영어로는 bench coat라고 부른다. 운동선수들이 경기
중 벤치에서 입는 길고 두꺼운 겉옷이 bench coat이다. 외투를 영어에
서는 대체로 jacket이라고 부르는데, coat는 재킷보다 두껍고 긴 겉옷
을 가리킨다.

    padded jacket이나 padded coat라고 부르는 패딩 점퍼를 영어로
padded jumper라고는 부르지 않는다. 영어에서 jumper는 한국의 '점

퍼'와는 뜻이 다르기 때문이다.

영국에서 jumper는 외투가 아니라 윗옷이다. 미국에선 윗옷을 sweater라고 부른다. 한국에서는 털실로 짠 윗옷만을 스웨터라고 하는데, 미국에서는 털실뿐 아니라 면이나 모직으로 만든 윗옷도 sweater다. 영국에선 jumper라고 한다. 미국의 sweater, 영국의 jumper, 즉 윗옷은 pullover나 jersey라고도 불린다.

우리가 '맨투맨'이라고 부르는 라운드 네크라인 윗옷을 미국에서는 crew-neck sweater라고 하고 영국에서는 crew-neck jumper라고 한다.

sweater와 jumper의 차이뿐 아니다. 사실 옷에 대한 명칭은 딱 이거라고 정의 내리기 어렵다. 나라마다 다르고 한 나라 안에서도 지역마다 다를 수 있다. 예를 들어 미국에서 panties는 여성용 속옷이다. 그런데 영국에서 여성용 속옷은 knickers라고 한다. 미국에서 pants는 바지인데, 영국에서 pants는 남성용 속옷이다. 영국에서 바지는 trousers다.

가운gown의 뜻도 조금 다르다. 원래 gown은 공식 행사에서 입는 화려한 드레스를 말한다. 한국의 '목욕 가운'은 미국에서는 robe고 영국에서는 dressing gown이라고 부른다.

CHECK NOTE

- **padded coat** : 솜이나 오리털을 넣은 외투(=padded jacket)
- **jacket** : 점퍼. 두툼한 외투
- **bench coat** : 롱 패딩
- **(미국) sweater** : 윗옷(=pullover, jersey)
- **(영국) jumper** : 윗옷(=pullover, jersey)
- **coat** : 재킷보다 두껍고 긴 외투
- **(미국) crew-neck sweater** : '맨투맨'이라고 부르는 라운드 네크라인 윗옷
- **(영국) crew-neck jumper** : '맨투맨'이라고 부르는 라운드 네크라인 윗옷
- **(미국) panties** : 여성용 속옷
- **(영국) knickers** : 여성용 속옷
- **(미국) pants** : 바지
- **(영국) pants** : 남성용 속옷
- **(영국) trousers** : 바지
- **gown** : 공식 행사에서 입는 화려한 드레스
- **(미국) robe** : 목욕 가운
- **(영국) dressing gown** : 목욕 가운

retro

레트로는 젊은이 감성, 노스탤지어는 중년의 감성

'뉴트로^{newtro}'가 유행이라고 한다. '새로운'이라는 뜻의 뉴^{new}와 '복고의'라는 뜻의 레트로^{retro}를 합성한 말이다. 복고풍을 현대적인 감성으로 재해석해서 새로운 뭔가를 만들어 내는 것이라고 한다. 하지만 newtro는 영어권에서 잘 알려진 말은 아니다. newtro보다는 retro로 쓰는 게 뜻을 더 잘 전할 수 있다.

retro는 젊은이들이 자신들이 경험하지 못했던 오래된 것들을 오히려 낯설고 신선하게 느끼며 좋아하는 걸 말한다. retro에는 '쿨^{cool}한, 멋진'이라는 뉘앙스가 포함돼 있다.

복고풍의 흑백 사진관이 젊은 층에서 인기를 얻고 있다는 문장을 영어로 표현한다면 'Monochrome photo studios are attracting young customers with their retro vibes'라고 쓸 수 있다.

retro에 대비되는 말로는 노스탤지어 nostalgia가 있다. 나이 든 사람들이 과거에 대한 향수를 느끼면서 옛날에 자신들이 즐기던 오래된 물건이나 문화를 좋아하는 걸 말한다. 예를 들어 1960~1970년대 유행했던 패션을 1990년대에 태어난 20대가 좋아한다면 retro 감성이지만, 당시를 살았던 현재의 50~60대가 좋아한다면 노스탤지어라고 할 수 있다.

'These characters appeal to teenagers who want to own 'retro' goods, while they also appeal to older adults by evoking a sense of nostalgia.'

(이 캐릭터들은 레트로 상품을 갖고 싶어 하는 10대들 사이에서 인기를 끌고 있으며, 나이든 어른들에게도 노스탤지어를 불러일으키면서 인기를 얻고 있다.)

'아날로그 감성'이라는 말도 영어로는 어색한 표현이다. 영어 단어 analog는 기술 용어에 가깝다. 분침과 시침의 움직임을 볼 수 있는 아날로그 시계나 턴테이블에 난 홈을 따라 바늘이 움직이는 LP 플레이어처럼 사람이 눈으로 직접 움직임을 확인할 수 있는 기계 장치를 가리킨다. 디지털에 대비되는 의미로 쓰는 경우가 많다.

하지만 손편지나 만년필은 기계가 아니기 때문에 아날로그라는 말

을 쓰지 않는다. 한국에서는 손편지나 만년필을 보면서 아날로그 감성
이 느껴진다고 표현하는데 영어로는 맞지 않는 표현이다.

- **retro** : 복고의, 젊은이들이 자신들이 경험하지 못했던 오래된 것들을 낯설고
  신선하게 느끼며 좋아하는 것
- **nostalgia** : 노스탤지어, 나이 든 사람들이 과거에 대한 향수를 느끼면서
  옛날에 자신들이 즐기던 오래된 물건이나 문화를 좋아하는 감정
- **analog** : 아날로그. 사람이 눈으로 기계의 움직임을 직접 확인할 수 있는 장치
- **monochrome photo** : 흑백 사진
- **evoke** : 떠올려주다, 환기시키다
- **appeal to** : ~에 호소하다

Take five

잠깐 쉬자

'Take five'는 'Take five minutes'의 줄인 말이다. '5분만 쉬자', 혹은 '잠
깐 쉬자'는 뜻이다. "Let's take a break"와 같은 뜻이다. 이 때문에 'take
five'는 피로회복제나 음료, 운동복 등의 이름으로 많이 사용된다.

코로나19 팬데믹 이후엔 Take five가 캠페인 이름으로 활용되는 경
우도 눈에 띄었다. 미국 웨스트버지니아주에서는 2020년 5월 'Take 5
to Give 5' 캠페인을 펼쳤다. 하던 일을 5분만 멈추고 코로나19로 어려
움에 부닥친 사람들을 돕기 위해 5달러, 혹은 50달러, 또는 500달러나
5000달러를 기부하자는 캠페인이었다.

뉴욕주에선 또 다른 Take five 캠페인이 있었다. 코로나19로 격리

중인 노인 가족이나 이웃에게 5분만 시간을 내서 안부 전화를 하자는 캠페인이었다. 코로나19 시대 정신건강을 지키기 위해 내놓은 대책 중 하나였다.

영어에는 이렇게 특정 숫자가 특정한 뜻의 숙어로 쓰이는 경우가 있다. 대표적인 것이 101이다. 101은 어떤 일의 가장 기본이 되는 정보라는 뜻이다. 1929년 미국 버팔로대에서 개론에 해당하는 강의에 101이라는 코드를 붙였던 데서 유래했다고 알려져 있다.

호주 보건당국 산하 기구인 'Safe Work Australia^{SWA}'가 발표한 사회적 거리두기 수칙을 다룬 기사의 제목도 〈Social distancing 101 : Safe Work issues guidance for ECEC about implementation〉이었다. '사회적 거리두기에 대한 기본 정보 : 세이프 워크가 발표한 어린 학생들을 위한 안내'라는 뜻이다.

catch-22는 이러지도 저러지도 못하는 상황을 가리킨다. 상충하는 상황이나 규정 때문에 이러지도 저러지도 못하는 경우에 쓰인다. 가령 경력이 없으면 직장을 가질 수 없는데, 직장에 들어가지 못하면 경력을 쌓을 수 없는 상황을 catch-22라고 표현할 수 있다.

이 말은 1961년 출간된 미국 작가 조지프 헬러^{Joseph Heller}의 소설 『Catch-22』에서 유래했다. 이 책에는 제2차 세계대전 당시 군의관 다네카 박사가 정신 감정을 의뢰하는 조종사야말로 정상이라는 딜레마에 관해 이야기하는 대목이 나온다. 미쳤다는 진단을 받아야 비행에 나가지 않고 죽음을 피할 수 있다. 따라서 미쳤다는 판정을 받으려 정신 감정을 신청하는 사람이야말로 미치지 않은 사람인 아이러니한 상황이 되는 것이다.

- **Take five** : 5분만 쉬자. 잠깐 쉬자
- **101** : 어떤 일의 가장 기본이 되는 정보
- **guidance** : 지도, 안내
- **implementation** : 이행, 실행
- **catch-22** : 이러지도 저러지도 못하는 상황

tension

'저 세상 텐션'을 영어로 표현하면

'저 세상 텐션'이란 누군가 엄청난 에너지를 뿜어내는 모습을 묘사할 때 많이 쓰는 말이다.

예를 들어 여러 명이 함께 춤을 추는데 그중에 한 명이 보통 이상으로 격렬하고 신나게 춤추고 있다고 해 보자. 이때 그를 보고 '저 세상 텐션이네'라고 한다. 하지만 이 말을 영어권 외국인이 들으면 이상하게 느낄 수 있다. 영어 tension은 우리말로 '긴장'으로 해석하는데, 대부분 부정적인 의미로 쓰인다. 균형이 깨진 상태이거나, 상대방에 대한 적대감이 깔린 긴장 상태를 말한다.

북한이 미사일을 발사해서 한반도의 군사적 긴장이 고조된 경우

tension이 높아졌다고 말한다. '잠수함 탄도 미사일^{SLBM} 발사가 북한과 미국 사이의 긴장을 고조시켰다'는 문장이라면 'The SLBM launch raised tensions between the North Korea and the United States'로 쓸 수 있다.

그렇다면 한국에서 쓰이는 유행어 '저 세상 텐션'을 영어로 바꾸면 어떻게 될까. 정확한 뉘앙스를 전달하기는 어렵다. 하지만 굉장히 활기차고 에너지 넘친다는 의미라면 'extremely upbeat'이나 'highly energized' 정도로 표현할 수 있다.

'저 세상 텐션'의 텐션을 동사처럼 사용해서 '텐션 업'이라고 말하는 경우도 흔하다. 이런 뜻의 동사로는 활기차게 만든다는 뜻의 동사 energize나 galvanize가 있다. '활기찬', '생기 있는', '명랑한'이라는 뜻의 형용사는 다양하다. energetic, lively, dynamic, vibrant, bouncy, bubbly 등이 있다.

비슷한 뜻의 숙어로는 'bright eyed and bushy tailed'를 꼽을 수 있다. 글자 그대로의 뜻은 '빛나는 눈과 숱 많은 꼬리를 가진'이라는 뜻인데, 왔다 갔다 바쁘게 돌아다니는 다람쥐를 연상케 한다. 'full of beans'라고도 한다. 커피를 마신 후 느껴지는 각성 효과에 빗댄 말이다.

형용사 high는 기분 좋다는 뜻으로도 쓰이는데, 마약 투약 후의 느낌을 묘사하는 말이다. hyper 역시 흥분 상태를 가리키는 말로 부정적인 맥락에서 주로 쓰인다. 불편할 만큼 지나치게 흥분한 상태를 말한다.

CHECK NOTE

- **tension** : 긴장, 균형이 깨진 상태이거나, 상대방에 대한 적대감이 깔린 긴장 상태
- **upbeat** : 긍정적인, 낙관적인
- **energize** : 활기를 북돋우다
- **galvanize** : 활기를 불어넣다. 소생시키다
- **energetic, lively, dynamic, vibrant, bouncy, bubbly** : 활기찬, 생기 있는, 명랑한
- **bright eyed and bushy tailed** : 활기찬
- **full of beans** : 활기찬
- **high** : 마약 투약 후 기분 좋은
- **hyper** : 지나치게 흥분한

aphrodisiac · bread · diner · hoe · menu · one shot

7.

음식

aphrodisiac

골뱅이는 최음제? 아니면 사랑의 묘약?

골뱅이가 최음제라니? 한때 '한국인은 골뱅이를 최음제로 먹는다'는 내용의 「BBC」 보도가 화제였다. 동네 맥줏집에서 골뱅이 소면 깨나 먹어 본 한국의 성인 남녀들은 모두 어리둥절했다. 「BBC」가 왜 그런 보도를 했는지에 대한 국내 언론들의 추측성 기사도 이어졌다. 당시 「BBC」 기사의 제목은 ⟨Whelks caught in Wales are South Korea aphrodisiac⟩이었다. 이 제목이 '웨일스에서 잡히는 골뱅이는 한국의 최음제'로 번역된 건데 특히 애프로디지액^{aphrodisiac}을 최음제로 번역한 것이 문제였다.

aphrodisiac은 사실 최음제와는 거리가 있다. aphrodisiac은 로

맨틱한 감정을 돋우는 음식이나 성적인 욕망을 불러일으키는 음식, 즉 '사랑의 묘약' 정도의 의미다. 대표적인 aphrodisiac은 굴^{oyster}과 초콜릿이다. 흔히 'Chocolate is an aphrodisiac', 'Oysters are an aphrodisiac'이라고 한다. 성범죄를 연상시키는 단어인 최음제와는 다르다.

그러면 aphrodisiac을 정력제라고 번역하면 될까? 이것도 좀 어색하다. 한국에서는 남성의 정력에 좋다는 음식이나 약, 이를테면 장어^{eel}나 웅담^{gall bladder of a bear} 등을 정력제라며 찾는다. 하지만 서양에는 남성에게 좋은 음식, 여성에게 좋은 음식이라는 개념이 없다. 어쨌거나 당시 「BBC」의 보도가 잘못됐다는 건 사실이다. 골뱅이는 최음제나 정력제가 아닐 뿐 아니라 로맨틱한 음식이라고 할 수도 없기 때문이다.

결국 「BBC」는 해당 기사의 제목을 〈웨일스에서 잡히는 골뱅이는 왜 한국에서 인기일까(Why are whelks caught in Wales popular in South Korea)?〉로 수정했다. 기사는 영국인은 거의 먹지 않는 골뱅이가 한국과 일본에선 인기이며, 덕분에 영국 웨일스의 어부가 지난 20년 동안 생계를 꾸릴 수 있었다는 내용이었다.

그러면서 골뱅이는 '저지방 고비타민^{low in fat and high in vitamins}' 식품으로 튀기거나 화이트와인, 크림, 마늘을 넣고 조리하면 유럽인의 입맛에 맞는 맛있는 요리가 될 수 있다고 설명했다.

CHECK NOTE

- **aphrodisiac** : 사랑의 묘약, 로맨틱한 감정을 북돋우는 음식
- **eel** : 장어
- **gall** : 쓸개
- **bladder** : 방광
- **gall bladder of a bear** : 웅담
- **whelk** : 골뱅이
- **low in fat** : 저지방
- **high in vitamins** : 고비타민

bread

빵은 영어보다 포르투갈어랑 더 친하다

빵은 영어로 브레드^{bread}다. 하지만 한국에선 빵이라고 생각하는데 영어권에서 bread로 불리지 않는 빵도 많다.

영어권에서 bread는 대체로 savory bread, 즉 달지 않은 빵을 가리킨다. wheat bread, rye bread처럼 주재료를 앞에 붙여서 부르는 경우가 많다. 하지만 바게트, 크루아상, 도넛, 번^{bun}처럼 각각 이름이 있는 빵들은 그 이름을 부른다.

카스텔라는 포르투갈에서 유래한 스펀지 케이크^{sponge cake}의 한 종류다. 대체로 네모난 상자에 담겨 판매되는 폭신한 스펀지 케이크를 카스텔라라고 부르며, 대만과 일본에서 특히 유명하다.

스펀지 케이크는 공기가 많이 들어간 부드럽고 폭신한 빵을 가리키는 블랭킷 텀^{blanket term}이다. 블랭킷 텀이란 그 아래 비슷한 여러 가지 것들을 아우르는 상위 개념어다. 나라마다 대표적인 스펀지 케이크가 있다. 한국의 스펀지 케이크라면 생크림 케이크를 꼽을 수 있다. 미국의 angel food cake, 영국의 Victoria sponge, 프랑스의 제누아즈^{génoise} 등이 각 나라의 대표적인 스펀지 케이크라고 할 수 있다.

그렇다면 식빵은 영어로 뭘까? 식빵은 한자 먹을 식食과 빵을 합친 말이다. 주식용 빵, 즉 식사로 먹는 빵이라는 뜻이다. 대체로 얇게 썰어서 먹거나 손으로 뜯어 먹는 길고 네모난 빵을 가리킨다. 여기에 딱 맞는 영어 표현은 없는 듯하다. 그냥 bread나 a loaf of bread라고 부를 수 있다.

빵이라는 말은 포르투갈어 pão에서 유래했다. 포르투갈에서 일본으로 빵이 전해졌고 일본을 통해 다시 한국으로 들어오면서 일본식 포르투갈어 발음으로 쓰이고 있다. 프랑스어로는 pain, 스페인어로는 pan이다. 모두 라틴어 파니스^{panis}에서 유래했다.

로마 라틴어에서 기원한 언어는 Romance language라고 부른다. 프랑스어·포르투갈어·스페인어·이탈리아어 등이 여기에 해당한다.

영어는 Romance language가 아닌 Germanic language에 속한다. 영어·독일어·네덜란드어 등이 여기에 속한다. 그래서 이들 중엔 발음이 비슷한 단어가 많다. 빵은 영어로는 bread, 독일어로는 Brot, 네덜란드어로는 brood다.

한국어 '빵'은 영어가 속한 Germanic language가 아닌 포르투갈어가 속한 Romance language의 영향을 받은 셈이다.

CHECK NOTE

- **savory bread** : 달지 않은 빵
- **wheat bread** : 밀빵
- **rye bread** : 호밀빵
- **sponge cake** : 카스텔라 같은 폭신한 빵
- **castella** : 네모난 상자에 담겨 판매되는 스펀지 케이크. 대만과 일본에서 특히 유명
- **angel food cake** : 미국의 대표적인 스펀지 케이크
- **Victoria sponge** : 영국의 대표적인 스펀지 케이크
- **génoise** : 프랑스의 대표적인 스펀지 케이크

diner

식당에도 여러 종류가 있다

음식의 종류가 다양하고 음식 먹는 방법이 제각각이듯, 식당에도 여러 종류가 있다. 제대로 차려 먹는 정찬이나 코스 요리를 먹는 고급 레스토랑도 있지만 가볍게 한 끼 때우는 분식집이나 허름한 동네 식당도 있다.

당연히 식당을 부르는 영어 표현도 다양하다. 미국에서는 동네 분식집이나 허름한 국밥집을 다이너diner나 스낵 바snack bar, 혹은 스낵 숍snack shop이라고 부른다. 미국에서 레스토랑restaurant은 그보다 좋은 식당, 즉 좋은 서비스를 받으며 잘 차린 음식을 먹을 수 있는 식당을 말한다. 맥도날드나 버거킹 같은 패스트푸드 체인점은 franchise restaurant이라고 한다.

'고속도로에 있는 낡고 허름한 식당을 약 3,400만 원에 사서 지역 음식의 특색을 가미한 좋은 식당으로 바꿨다'는 영어로 'They bought an old diner on a highway for about \$30,000 and turned it into a restaurant that added a new dimension to the region's culinary identity'라고 할 수 있다.

영국에서 식당을 부르는 말은 조금 다르다. 영국에선 허름한 밥집도 restaurant이라고 부른다. diner라는 말은 거의 쓰지 않는데, 영국에서 diner라고 하면 값싼 버거나 밀크셰이크를 파는 미국 스타일의 식당을 가리키는 말이다. 영국에서 동네 밥집은 펍^{pub}이다. 한국에서 펍은 흔히 우리가 '호프집'이라 부르는 맥줏집을 가리키지만, 영국에서 pub은 술집 겸 밥집, 즉 동네식당을 가리킨다. 영국에는 거리마다 마을마다 pub이 있다.

영국에서 아침 식사를 주로 파는 식당은 그리시 스푼^{greasy spoon}이나 카프^{caff}라고 부른다. caff는 cafe로도 쓴다. 여기선 잉글리시 브렉퍼스트^{English breakfast}나 베이컨 롤^{bacon roll}을 먹을 수 있다. '풀 잉글리시 브렉퍼스트^{full English breakfast}'는 커피와 빵, 소시지, 달걀, 야채, 삶은 콩 등을 한 접시에 올려서 먹는 음식을 말한다. 베이컨 롤은 빵 사이에 베이컨을 끼워서 먹는 간단한 음식이다.

한국의 분식집은 발음 그대로 bunsikjib이라고 하는 게 가장 정확하다. 각 나라의 식당은 그 나라 언어로 표현하는 게 분위기를 가장 잘 전달할 수 있다. 영어로 local restaurant이나 snack bar, 혹은 neighborhood restaurant으로 쓰면 비슷한 느낌이다.

CHECK NOTE

- **diner** : (미국) 동네 분식집 같은 소박한 식당(=snack bar, snack shop)
- **restaurant** : (미국) 좋은 서비스를 받으며 잘 차린 음식을 먹을 수 있는 식당, (영국) 좋은 식당이나 허름한 식당을 포함한 모든 식당
- **pub** : (영국) 술도 파는 허름한 동네 밥집
- **culinary** : 요리의
- **greasy spoon** : (영국) 아침 식사를 주로 파는 식당(=caff, café)
- **bacon roll** : 빵 사이에 베이컨을 끼워서 먹는 간단한 음식
- **full English breakfast** : 커피, 빵, 소시지, 달걀, 빵, 야채, 삶은 콩 등을 한 접시에 올려 먹는 영국식 아침식사
- **bunsikjib** : 분식집
- **neighborhood restaurant** : 동네 식당

hoe

회와 사시미의 차이

한 독자가 회를 왜 사시미^{sashimi}로 썼느냐고 항의하는 이메일을 보내
왔다. sashimi는 일본 음식을 가리키는 일본어이기 때문에 한국 음식
인 회는 hoe나 saengseonhoe(생선회)로 써야 한다는 것이었다.

한국 음식은 한국어 발음대로 쓰는 게 원칙이지만 hoe의 경우는 좀
애매했다. sashimi는 세계적으로 널리 알려진 영어 단어인 데다, hoe
는 괭이를 뜻하는 영어 단어라서다. 게다가 한국의 회나 일본의 사시
미 모두 날생선의 살을 얇게 잘라서 먹는 음식으로 형태나 맛에 큰 차
이가 없다. 차이가 있다면 음식을 담는 스타일 정도다.

외국인 에디터들과 모여 회의한 결과 한국 식당에서 한국식—쟁반

바닥에 무채를 깔고 그 위에 회를 올리는―으로 나오는 회는 hoe로 쓰고, sliced raw fish(얇게 썬 날생선)라고 설명하기로 했다. 문맥에 따라 필요하면 Korean equivalent to Japanese sashimi (일본어 사시미에 해당하는 한국어) 같은 설명을 추가한다. 단, 일본 음식점에서 일본 스타일로 나오는 회는 sashimi로 쓰기로 했다.

비슷한 예는 또 있다. 일본어 우마미^{うまみ}는 '감칠맛'에 해당한다. '우마미'라는 말이 해외에 먼저 알려지면서 영어권에서도 이 말을 일본어 발음대로 umami로 쓴다. sashimi처럼 umami도 「메리엄-웹스터 사전」 등에 정식으로 등재된 영어 단어다. 이 때문에 감칠맛을 설명할 땐 gamchilmat, more widely known with Japanese word umami (감칠맛, 일본어 우마미로 더 많이 알려져 있다)로 설명한다.

된장이나 고추장, 불고기, 비빔밥 같은 한국 고유 음식의 경우 발음 나는 대로 쓰고 외국 독자가 이해할 수 있도록 간단한 설명을 덧붙인다. 된장은 'doenjang, or fermented soybean paste(발효된 콩 반죽)'으로 쓰고, 간장은 'ganjang, or soy sauce'라고 표시하기도 한다. 고추장은 gochujang이라고 쓰고 hot pepper paste라고 설명하거나 그냥 gochujang chili paste라고 쓰곤 한다.

한류 열풍으로 한국의 음식과 문화에 대한 인식이 높아지면서 한국어를 그대로 이해하는 외국인이 늘고 있다. 찜질방을 한국식 사우나^{sauna}나 스파^{spa}라고 설명하지 않고 그냥 jjimjilbang이라고만 해도 이해한다. 한국 음식이라면 한국어 발음 그대로 쓰는 게 그 맛과 분위기를 있는 그대로 전할 수 있다.

CHECK NOTE

- **hoe** : 회(=saengseonhoe), 얇게 썬 날생선
- **sashimi** : 사시미, 일본 스타일로 나오는 회
- **equivalent** : 동등한, ~에 상당하는
- **gamchilmat** : 감칠맛, 일본어 우마미
- **fermented** : 발효된
- **doenjang** : 된장(=fermented soybean paste)
- **gochujang** : 고추장(=hot pepper paste, gochujang chili paste)
- **jjimjilbang** : 찜질방, 한국식 스파

menu

메뉴와 메뉴 아이템은 다르다

구내식당에 간 직장인 A 씨와 동료 B 씨. 구내식당 '오늘의 메뉴'는 '돼지고기 김치찌개'와 '떡라면'이다. 하지만 돼지고기를 안 먹는 A 씨와 라면을 싫어하는 B 씨.

A : "내가 싫어하는 메뉴밖에 없네. 햄버거 먹으러 갈까?"
B : "그래, 난 불고기 버거 세트 먹어야겠다."
A : "난 세트 메뉴 말고, 샐러드랑 감자튀김 먹을래."

위에는 '메뉴'라는 단어가 세 번 나온다. 한국어로는 모두 같은 '메뉴'

지만 영어로는 모두 다르게 표현한다. 첫 번째 나온 구내식당 간판에 씌어있는 '오늘의 메뉴'에서의 '메뉴'는 menu다. 하지만 두 번째로 나오는 "내가 싫어하는 메뉴밖에 없네"에서의 '메뉴'는 'menu item'이다.

영어에서 menu는 리스트 전체를 가리키고, 그 menu를 구성하는 각각의 내용은 menu item이라고 부르기 때문이다. 구내식당 간판에 씌어있는 '오늘의 메뉴'는 나오는 음식 종류를 모두 담은 리스트를 가리키기 때문에 menu다. '내가 싫어하는 메뉴'는 리스트 안에 들어있는 각각의 메뉴를 가리키기 때문에 menu item이다.

미국 현지의 맥도날드나 버거킹에서 '세트 메뉴'는 meal로 표시한다. meal은 한국어 '끼니'에 해당한다. 치즈버거 세트는 'cheese burger meal'이다. 맥도날드의 '해피 밀'은 어린이용 세트 메뉴다. 한국 맥도날드는 "한국에서는 밀meal 대신 세트로 쓰는 편이 뜻이 더 잘 통해서 대부분의 상품 이름을 세트로 하는데, '해피 밀'의 경우 세계적으로 구성과 디자인이 통일돼 있어서 해피 밀이라는 이름을 그대로 쓰고 있다"고 설명했다.

원래의 set menu는 고급 레스토랑에서 파는 코스 요리를 말한다. '전채starter – 메인 코스main course – 디저트dessert'로 구성돼 있어 먹는 사람이 각각의 요리dish를 선택할 필요가 없는 코스 요리를 가리킨다.

메뉴와 메뉴 아이템의 관계와 비슷한 경우는 또 있다. 아젠다agenda 와 아젠다 아이템agenda item이다. agenda는 전체 계획이나 일정을, agenda item은 각각의 세부 계획이나 일정을 말한다. 한국에서는 이

둘을 구분하지 않고 쓰지만, 영어로는 다르게 표현한다.

- **menu** : 메뉴 전체를 적어놓은 리스트
- **menu item** : 전체 메뉴를 구성하는 각각의 품목
- **dish** : 개별 요리, 반찬
- **meal** : 끼니
- **set menu** : 코스 요리
- **starter** : 전채
- **agenda** : 전체 계획이나 일정
- **agenda item** : 구체적인 각각의 세부 계획이나 일정

one shot

술 마실 때 쓰는 말이 아니다

술자리에서 자주 쓰는 말인 '원 샷'은 잔에 든 술을 한 번에 마시는 걸 말한다. 영어 단어로 만든 말이지만 영어권에서 쓰는 말은 아니다.

술을 한 번에 다 마셔버린다는 의미의 원 샷은 영어로는 '다운 인 원 Down in one' 혹은 '척 잇Chug it' 정도다. 여기서 down은 '급히 다 먹다, 쭉 들이켜다'라는 뜻의 동사다. chug은 동사로 '단숨에 들이켜' 혹은 '(엔진이) 통통(칙칙) 소리를 내다'는 뜻이다.

'바텀스 업!Bottoms up!'은 옛날식 표현이다. 현재 젊은이들 사이에서는 거의 쓰이지 않는다. 미국이나 영국의 20~30대라면 "책에서 읽은 적은 있지만 실제로 그렇게 말하는 사람은 본 적 없다"고 할 것이다.

서양에서 '원 샷'은 대학생들만의 음주 문화라고 할 수 있다. 직장 동료끼리 '원 샷'을 하지는 않는다. 사실 회식^{team dinner} 자체가 서양에는 많지 않다. 친한 동료들과 간단히 한잔하는 경우는 있지만 부장이 회식을 주도하고 회식비까지 내는 일은 거의 없다. 각자 먹고 마신 비용은 각자 지불한다. 부장이 나서서 '원 샷'을 강요하지도 않는다.

'원 샷'을 강요하기는커녕 마실 때마다 술잔을 부딪으며 건배를 외치치도 않는다. 건배를 자주 하는 건 무례한 행동으로 여겨진다. 음주를 강요하는 게 될 수 있기 때문이다.

술자리를 시작하고 나서 처음 건배를 제의할 때 흔히 '치어스!^{Cheers!}'라고도 하는데 이건 '원 샷' 하자는 의미는 아니다. 그냥 '건배!' '짠~!'의 뜻이다. 건배를 제안하는 행위 자체를 가리키는 단어는 toast다. toast는 특별한 경우에 한다. 모임 시작할 때 한 번 'Cheers!'라고 하거나, 간단한 스피치를 하면서 건배를 제안한다. 예를 들어 "Let's all raise our glasses to say happy birthday to Steve!(모두 잔을 들고 스티브에게 생일 축하해라고 말합시다)"라고 말하면서 건배를 제안한다면 이런 행동 자체가 toast다.

영어에서 one shot은 술 마실 때 쓰는 말이 아니라 one chance, 즉 한 번의 기회라는 뜻이다. 예를 들어 'King Felipe had one shot at reuniting the country.'이라는 문장에서 one shot은 one chance다. '필립 왕에게는 나라를 다시 통일할 한 번의 기회가 있었다'는 의미다. 'King Felipe had one chance to reunite the country'라고 써도 같은

뜻이다. 이 문장에서 one chance는 one opportunity로 바꿀 수 있다.

CHECK NOTE

- **one shot** : 한 번의 기회(=one chance, one opportunity)
- **Down it one!** : 원 샷!(=Chug it!)
- **Bottoms up!** : 원 샷!(옛날식 표현)
- **team dinner** : 저녁 회식
- **Cheers!** : 건배!
- **toast** : 건배를 제안하는 것
- **banquet** : 연회, 만찬

emoji · EP · hip · house party · idol · scooter · social media · skinship · veteran · vibe · webtoon

emoji

최초의 이모티콘은 농담 대신 쓴 :-)

:-) :-)

한국에서는 이모티콘^{emoticon}이라고 많이 쓰는데 영어에선 이모지^{emoji}라고 쓰는 경우가 더 많다. 하지만 emoticon이나 emoji 둘 중 뭘 써도 상관없는 경우가 대부분이다.

사전적 의미로는 emoticon과 emoji가 조금 다르다. emoticon은 문자와 기호를 사용해서 기분이나 생각을 표현하는 걸 가리키는데, emoji는 그림 자체가 하나의 의미를 전달하는 형태다. 인터넷 초기 단계에 사용되던 이모티콘이 이후 이모지로 발전했다고 보는 것이 일반적이다. 최근 애플은 아이폰 사용자 본인의 얼굴을 닮은 것은 미모지 ^{memoji}, 동물 얼굴을 닮은 건 애니모지^{animoji}라고 명명하기도 했다.

이모티콘은 영어 emotion과 icon의 합성어다. 1982년 미국 카네기 멜런대 스콧 팔먼Scott Fahlman 교수가 농담에는 :-)를 사용하자고 제안한 것이 emoticon의 시초였다고 알려져 있다. '이모지'라는 말을 처음 쓰기 시작한 건 일본이다. 그림을 뜻하는 에絵와 문자를 뜻하는 모지文字의 합성어다. 1990년대 말 'NTT 도코모'에서 처음 도입했다고 한다. 이후 애플이 2007년 아이폰을 출시하면서 일본 소비자들을 위해 이 기능을 추가했고, 2011년에는 전 세계 모든 아이폰에 이 기능을 탑재하면서 emoji라는 말이 널리 알려지게 됐다.

2015년 「옥스퍼드 사전」에서는 올해의 단어로 '기쁨의 눈물을 흘리는 얼굴 모양의 이모지(Face with Tears of Joy emoji)'를 선정하기도 했다. 「메리엄-웹스터 사전」은 '일본어에서 유래한 영어 단어 17개' 가운데 하나로 emoji를 꼽는다. 초기 emoji는 사람의 얼굴 표정에 국한돼 있었다. 하지만 최근에는 훨씬 복잡하고 다양한 그림이나 캐릭터, 나아가 움직이는 그림으로 발전했다.

이렇게 발전한 형태의 emoji, 혹은 emoticon을 스티커sticker라고 부르기도 한다. 네이버 라인은 카카오톡 이모티콘에 대응하기 위해 스티커라는 명칭을 사용했는데 이것이 일본에서 유행하면서 최근에는 페이스북, 스냅챗 등에서도 sticker라는 이름을 사용하고 있다.

미국에선 emoji 못지않게 '움짤(재미있는 짧은 동영상을 부르는 말)'을 많이 사용한다. 이건 gif라고 부른다. 그래픽 압축 파일에 붙는 파일명 gif에서 파생된 말이다.

CHECK NOTE

- **emoticon** : 이모티콘. emotion과 icon의 합성어
- **emoji** : 이모티콘의 영어식 표현
- **memoji** : 애플 아이폰 사용자 본인의 얼굴을 닮은 이모지
- **animoji** : 애플 아이폰에서 쓰이는 동물의 얼굴을 닮은 이모지
- **sticker** : 네이버 라인. 페이스북, 스냅챗에서 이모티콘을 부르는 말
- **gif** : 움짤, 재미있는 짧은 동영상

EP

가수들의 미니앨범, 영어로는 EP

요즘 가수들은 미니앨범을 발표하는 경우가 많다. 미니앨범에는 정규앨범보다 적은 수의 곡이 수록된다. 정규앨범엔 10곡 이상, 미니앨범엔 3~4곡, 싱글앨범에는 1~2곡이 실린다.

미니앨범은 영어로 EP로 쓰는 게 자연스럽다. EP는 Extended Play의 머리글자를 딴 말이다. '길게 늘여진 플레이'라는 뜻인 셈인데, 'single보다 길다'는 뜻이다. 서양에서 single은 한 곡만 발표하는 걸 말한다. single은 그냥 single이다. single album이라고 하지 않는다.

서양에서는 album이라고 하면 대체로 10곡 이상 들어가는 한국의 정규앨범을 말한다. 한국에선 정규앨범, 미니앨범, 싱글앨범 등 모든 음반을 '앨범'으로 부르지만 서양에서는 10곡 이상 수록된 음반만 앨범이라고 한다. 한국에 성규앨범, 미니앨범, 싱글앨범이 있다면 서양에서 음반은 album, EP, single 이 세 가지 종류가 있는 셈이다.

EP는 원래 7인치짜리 레코드판을 부르는 말이다. 한국에서 LP판이라고 부르는 12인치 크기의 동그란 레코드판은 영어로 vinyl record라고 한다. 그냥 record나 vinyl이라고만 부르기도 한다.

영어 vinyl은 한국에서 '비닐'로 발음하지만 영어로는 '바이닐'이나 '바이늘' 정도로 발음한다. 현대카드가 운영하는 LP와 CD 등을 파는 레코드 가게 이름이 '바이닐 앤 플라스틱'인 것도 LP를 가리키는 vinyl에서 나온 것이다. 여기서 플라스틱은 CD를 가리킨다. CD는 compact disc의 머리글자를 딴 말이다.

타이틀곡, 즉 title track에 대한 정의도 한국과 영미권이 조금 다르다. 서양에서는 앨범의 이름과 같은 제목의 곡이 title track이다. 한국에서는 해당 음반에서 가장 유명한 곡, 혹은 그 음반의 대표곡을 타이틀곡이라고 부른다.

한국 가요계에서 흔히 쓰이는 '컴백'의 의미도 서양과 조금 다르다. 한국에서는 활동 중단 기간이 몇 달만 되도 중단했다가 다시 재개하면 컴백이라고 한다. 하지만 서양에서 comeback은 적어도 몇 년의 공백 후에 다시 활동을 재개하는 경우를 가리킨다. 3~4개월 공백 후 활동을 재개할 경우엔 comeback으로 쓰지 않는다.

CHECK NOTE

- **mini album** : 작은 (사진)앨범
- **single** : 한 곡이 들어있는 음반
- **EP** : extended play의 머리글자를 딴 말. 3~4곡 들어있는 중간 크기 음반
- **album** : 10곡 이상 들어있는 정규앨범
- **vinyl record** : 레코드판, LP판
- **CD** : 콤팩트 디스크, compact disc의 머리글자를 딴 말
- **title track** : 음반 제목과 같은 이름의 곡
- **comeback** : 컴백. 몇 년의 공백 후 다시 활동을 재개하는 것

hip

힙은 엉덩이가 아니다

엉덩이는 힙^{hip}이 아니다. 영어 hip은 골반 옆 부위를 가리킨다. 몸의 뒤판에 있는 엉덩이가 아니라 몸의 옆, 옆구리 아랫부분을 가리킨다. 사전에서는 hip을 'the part of the body that curves out below the waist on each side' 즉, 몸 양쪽 허리 아래 굴곡진 옆 부분이라고 설명하고 있다. 허리가 아니라 골반 부위에 걸쳐 입는 바지를 흔히 '골반바지'라고 부르는데 영어로는 hip-huggers다.

엉덩이는 buttocks다. 줄여서 butt이라고 쓰거나 속어로 bottom, 혹은 ass라고 부른다. 흔히 '애플 힙'을 만들기 위해 '힙 업' 운동을 한다고 하는데 애플 힙이라는 표현은 영어에서 잘 쓰이는 말은 아니다. 힙

업 운동은 butt exercise 정도로 표현할 수 있다.

숙어 joined at the hip은 친하게 지내며 자주 보는 친구 사이를 말한다. hip을 나란히 하고 걸어가는 친구를 연상하면 된다. 'Jenny and Ann used to be joined at the hip when they were kids'라고 하면 '제니와 앤은 어린 시절 항상 붙어 다니는 친한 사이였다'는 뜻이다.

최근 한국에서 '힙하다'는 건 '세련된, 쿨한, 유행에 앞서가는, 멋진'이라는 뜻으로 많이 쓰이고 있다. '힙하다'는 '유행에 앞서가다', '멋지다'는 뜻이다. 서울 을지로가 최근 '힙지로'라고 불리는 건 을지로에 트렌드를 앞서가는 멋진 가게들이 늘어나고 그곳에 젊은이들이 몰리면서 유행을 선도하는 장소로 탈바꿈했다는 의미다.

영어 hip에도 그런 뜻이 있다. 비슷한 말은 cool, fashionable, trendy, chic, fresh 등이 있다. 유행에 앞서가는 멋진 카페는 hip cafe, 그런 헤어스타일은 hip hairstyle이다. 힙스터hipster는 최신 유행과 패션 트렌드를 따르는 사람을 말한다. 기존의 주류 스타일에서 벗어난 최신 스타일을 추구한다.

1900년대 초반 hip은 'aware, in the know(의식 있는, 잘 알고 있는)'이라는 의미로 쓰이다가 1940년대 미국 흑인들 사이에서 '세련된, 패셔너블한(sophisticated, currently fashionable)'이라는 뜻으로 사용됐다. 1960년대 등장한 반문명적이고 자연친화적 문화를 공유하는 사람들을 가리키는 히피족(hippie, hippy)이라는 말도 여기서 유래한 것으로 알려져 있다.

CHECK NOTE

- **hip** : 골반 옆 부분, 세련된, 쿨한(=cool, fashionable, trendy, chic, fresh)

- **hip-huggers** : 골반바지

- **buttocks** : 엉덩이(=butt. 속어로는 bottom, ass)

- **joined at the hip** : 자주 보는 친한 친구 사이

- **hipster** : 유행을 따르는 사람, 최신 정보를 잘 아는 사람

- **in the know** : 알고 있는

- **sophisticated** : 세련된

house party

집에서 하는 파티의 종류

요즘엔 집에서 홈 파티를 하는 경우가 많다. 마트나 온라인 쇼핑몰에는 홈 파티용품이나 음식을 판매한다. 그런데 홈 파티는 영어권에서 쓰는 말은 아니다.

홈 파티에 간다는 말은 그냥 'visiting a friend's home'이라고 하면 된다. 친구 집을 방문한다는 건 홈 파티를 한다는 뜻이다. 서양에서는 레스토랑이나 술집에서 모임을 하면 비용이 한국보다 훨씬 많이 든다. 게다가 대부분의 집이 단독주택이어서 공간이 넉넉하다 보니 홈 파티가 보편적인 문화로 자리 잡았다.

홈 파티와 가장 비슷한 영어 표현으로는 '하우스 파티house party'를 꼽을 수 있다. 하지만 뉘앙스는 다르다. house party는 10~20대들이 누군가의 집에서 시끄러운 음악을 틀어 놓고 밤새도록 술 마시고 춤추며 노는 파티를 가리킨다.

'프리드링크predrink' 혹은 '프리게임pregame'이라고 불리는 홈 파티도 있다. 젊은이들이 술집이나 클럽에 가기 전에 누군가의 집에 모여서 술 마시는 걸 말한다. 집 밖에서 술을 마시면 돈이 많이 들기 때문에 그 돈을 아끼기 위해서 미리 술을 마셔 두는 모임이다.

어쩌면 '디너파티dinner party'가 한국의 홈 파티와 가장 비슷할지 모르겠다. dinner party에는 사람들이 좋은 음식을 먹으러 온다는 뜻이 포함돼 있다. 술 마시고 춤추는 파티가 아니라, 사람들이 둘러앉아 이야기를 나누며 음식 먹는 저녁 모임을 가리킨다. 공식적인formal 저녁 모임이라는 느낌도 있다.

'포틀럭potluck'은 매우 보편적이다. 모든 손님이 각자 요리 하나씩을 가져와서 나눠 먹는 것이다. 만약 당신이 "이번 토요일에 포틀럭하는데 너도 올래?(I'm having a potluck on Saturday, do you want to come over)"라는 말을 들었다면 "나는 뭘 가져가면 돼?(Is there anything that you want me to bring?)"라고 물어보는 게 좋다. 음식 종류가 서로 겹치지 않도록 미리 조정해야 하기 때문이다.

그냥 사람들이 집에 오기로 했다고만 해도 홈 파티를 한다는 뜻으로 통한다. 예를 들어 "사람들 좀 불렀는데 너도 올래?(I'm having some people over, do you want to come)"라거나 "제인이랑 짐이 늦게 올 예정인데, 너도 합류할래?(Jane and Jim are coming over later, do you want to join us?)"라고 하면서 홈 파티에 초대하는 것이다.

CHECK NOTE

- **house party** : 10~20대들이 누군가의 집에서 시끄러운 음악을 틀어 놓고 밤새도록 술 마시고 춤추며 노는 파티
- **predrink(=pregame)** : 젊은이들이 술집이나 클럽에 가기 전 술값을 아끼기 위해 누군가의 집에 모여서 미리 술을 마셔두는 것
- **dinner party** : 저녁 식사 모임
- **potluck** : 각자 요리 하나씩을 가져와서 나눠 먹는 파티

idol

아이돌 vs 아티스트

BTS는 아이돌 그룹이다. 한국에서는 그렇다. 하지만 영어로는 그렇게 쓰지 않는다. 남성 아이돌 그룹을 영어로는 '보이 밴드^{boy band}'로 쓴다. BTS를 해외 언론에서는 K-pop boy band, 혹은 Korean pop group 으로 표현한다.

한국에서는 대체로 기획사를 통해 육성된 댄스 그룹 출신의 10~20대 젊은 가수나 연예인을 아이돌이라고 부른다. 하지만 영어 idol은 의미가 다르다. idol의 원래의 뜻은 우상, 즉 나무·돌·쇠붙이·흙 따위로 만든 신이나 사람의 형상이다. 기독교 십계명 중 하나인 '우상을 섬기지 말라(Don't worship false idols)'에 나오는 idol이다.

현대 영어에서는 idol은 많은 사람의 엄청난 사랑과 존경을 받는 대상을 가리키는 말로 많이 쓰인다. 가수도, 운동선수도, 정치인도 누군가의 idol이 될 수 있다. 보수 정치인에게는 레이건^{Ronald Wilson Reagan} 전 대통령이 idol이 될 수 있고, 우아한 배우를 꿈꾸는 사람에게는 오드리 헵번^{Audrey Hepburn}이 idol일 수 있다

idol group이라는 말은 영어에서는 잘 쓰이지 않는다. K-pop 팬이라면 아이돌 그룹이라는 말을 이해할 수 있겠지만, 잘 모르는 서양인에겐 이 말이 낯설게 들릴 수 있다. 그래서 영어로 idol group이라고 쓸 때는 K-pop idol group이라고 구체적으로 밝혀 주는 게 좋다. 남성 아이돌 그룹은 영어로 boy band로, 여성 아이돌 그룹은 girl group으로 쓰는 게 자연스럽다. idol이라는 단어에 대한 동서양 인식 차이 때문에 BTS 노래 'IDOL'의 가사도 한국 팬들과 서양 팬들이 다르게 받아들였을 가능성이 크다.

'You can call me artist/ You can call me idol/ 아님 어떤 다른 뭐라 해도/ I don't care(나를 아티스트로 부르든/ 아이돌이라고 부르든/ 아님 어떤 다른 뭐라 해도/ 나는 신경 쓰지 않아)'

한국인이라면 가사 속 idol을 그냥 '연예인'의 뜻이라고 생각했을 것이다. 하지만 영어권 팬들은 idol을 우러러보는 선망의 대상이나 사랑과 존경의 대상으로 받아들였을 것이다. '아티스트'와 '아이돌'을 반대

의미로 생각했을 한국인들과 달리, 서양에선 artist와 idol 모두 긍정적
인 의미로 이해하는 것이나.

CHECK NOTE

- **worship** : 숭배하다
- **boy band** : 남성 아이돌 그룹
- **girl group** : 여성 아이돌 그룹
- **K-pop idol group** : 한국 아이돌 그룹

scooter

킥보드는 스쿠터, 수영장 킥판은 킥보드

거리의 무법자로 떠오른 공유 전동킥보드. 길거리, 건물 구석, 산책로 등 장소를 가리지 않고 널브러져 있는 전동킥보드는 보기에도 안 좋다. '공유 전동킥보드가 거리 곳곳에 버려져 있다'를 영어로 하면 'Shared electric scooters are left everywhere' 정도다.

킥보드는 영어로 kickboard가 아닌 스쿠터^{scooter}다. 영어 kickboard는 수영 배울 때 쓰는 보조 기구인 킥판을 가리키는 말이다. 영어사전에서는 kickboard를 '수영 발차기를 연습할 때 사용하는 물에 뜨는 직사각형 판'으로 정의하고 있다.

한국에서 스쿠터라고 하면 소형 오토바이만을 떠올리지만 영어

scooter는 소형 오토바이라는 뜻 외에 킥보드라는 뜻도 있다. scooter를 영어사전에서 찾아보면 '바닥에 두 개의 바퀴가 달린 좁은 판 위에 곧게 선 핸들이 달려 있어서, 핸들을 잡고 한 발로 밀어서 가는 탈 것'이라는 정의가 맨 잎에 나온다.

이런 형태의 scooter가 처음 등장한 것은 1920년대 미국과 유럽에서였다고 한다. kick scooter 혹은 push scooter라고도 불렸는데 아이들의 놀이용이었다.

스쿠터가 한국에서 킥보드로 불리게 된 것은 미국 K2 Sports 사에서 1999년 출시한 바퀴 세 개 달린 스쿠터 제품 브랜드 Kickboard에서 유래한 듯하다.

2000년 5월 「중앙일보」에 실린 〈핸들 달린 스케이트 '킥보드' 열풍〉이라는 기사에서는 킥보드는 2000년 4월 처음 한국에 들어온 후 대학생들을 중심으로 인기가 늘면서 새로운 교통수단 겸 레포츠 용구로 떠올랐다고 한다. 킥보드라는 브랜드 이름이 한국에 건너와 제품 전체를 가리키는 일반 명사로 자리 잡은 것이다.

이런 경우는 많다. 미국에서는 화장지를 티슈^{tissue} 대신 브랜드 이름인 크리넥스^{Kleenex}라고 부른다. 영국에서는 진공청소기를 vacuum 대신 후버^{Hoover}라고 부른다. 우리가 주방 세제를 브랜드 이름인 '트리오'나 '퐁퐁'으로 부르는 것과 비슷하다.

공유 자전거는 영어로 shared bike다. 자전거는 영어로 바이크^{bike}나 바이시클^{bicycle}이다. 오토바이는 영어가 아닌 콩글리시다. 영어로는 motobike나 motorcycle이라고 한다.

CHECK NOTE

- **scooter** : 킥보드, 소형 오토바이
- **kickboard** : 수영장에서 쓰는 킥판
- **tissue** : 휴지
- **Kleenex** : 미국에서 휴지라는 뜻으로 쓰이는 휴지 브랜드
- **vacuum** : 진공청소기
- **Hoover** : 영국에서 진공청소기라는 뜻으로 쓰이는 진공청소기 브랜드
- **shared bike** : 공유 자전거
- **motorbike** : 오토바이(=motorcycle)

social media

SNS는 소셜 미디어 또는 소셜 네트워크

SNS는 영어일까, 아닐까. 좀 애매하다. 우리나라에서 SNS는 '소셜 네트워크 서비스'의 머리글자를 딴 말로 알려져 있다. 하지만 '에스앤에스'라고 말했을 때 알아듣는 외국인은 많지 않다.

영어로는 '소셜 네트워크social network'나 '소셜 미디어social media'라고 하는 게 자연스럽다. 페이스북 창업자 마크 저커버그Mark Elliot Zuckerberg 가 주인공으로 나오는 영화 제목도 'Social Network'였다. 또한 social networking site, social networking service라고도 쓴다. 이건 대체로 기술적인 용어technical term로 사용될 때 쓴다.

SNS와 social network는 서비스의 범위도 조금 다르다. 한국에서

SNS라고 하면 페이스북, 트위터, 카카오톡, 유튜브 등을 통칭하는 경우가 많다. 반면 서양에서 social network에 해당하는 서비스는 페이스북과 트위터 정도다. 카카오톡이나 라인은 메시징 앱messaging app으로 구분된다. 커뮤니티 기능이 강한 페이스북이나 트위터와 달리 카카오톡이나 라인은 개인 간 메시지를 주고받는 서비스이기 때문이다. 서양에서 많이 쓰는 메시징 앱은 '왓츠앱what's app', 아이폰의 '아이 메신저', 페이스북의 '페이스북 메신저' 등이다.

카카오톡 같은 messaging app은 한국에서 더 발달했다. 미국이나 영국에서는 단문 문자 서비스(SMS, short message service)가 처음부터 무료였기 때문에 한국처럼 messaging app이 발전하지 않았다.

한국은 2010년 카카오톡이 등장하기 전까지는 유료 휴대전화 문자를 주로 썼다. 카카오톡은 무료로 문자나 사진을 주고받을 수 있는 서비스를 국내 최초로 선보이며 선풍적인 인기를 끌며 빠르게 확산했다. SNS라는 말이 국내에서 널리 쓰이기 시작한 것도 이때다. 트위터와 페이스북이 인기를 끌면서 SNS이라는 말이 대중적으로 알려졌다.

사실 대중적으로 성공한 세계 최초의 social network는 한국에서 나왔다. 1999년 등장한 싸이월드Cyworld가 그 주인공이다. 위키피디아는 social network의 역사를 설명하면서 '최초의 소셜 네트워킹 사이트는 한국의 싸이월드로 1999년 블로그로 시작됐으며 2001년 소셜 네트워킹의 요소가 추가됐다'라고 설명하고 있다. 또 싸이월드는 가상의 상품virtual goods들을 판매해서 수익을 올린 최초의 회사이기도 하다. 위키피디아는 싸이월드의 성공이 한국의 높은 인터넷 보급률(thanks to the nation's high internet penetration rate) 덕분이라고 설명한다.

CHECK NOTE

- **social media** : 소셜 미디어, SNS
- **social network** : 페이스북·트위터 등 커뮤니티 기능이 강한 SNS
- **social networking site** : 소셜 미디어, SNS
- **short message service** : 단문 문자 서비스(SMS)
- **messaging app** : 메시징 앱. 카카오톡이나 페이스북 메신저처럼 개인 간 소통을 가능하게 해 주는 서비스
- **internet penetration rate** : 인터넷 보급률
- **virtual goods** : (싸이월드 아이템처럼) 사이버 세상에서 거래되는 상품들

skinship

일본에서 만든 말, 영어에는 없는 말

어린 시절 부모와의 스킨십이 중요하다는 건 부모가 아이를 많이 안아주고 놀아 줘야 한다는 뜻이다. 여기서 스킨십은 영어 단어 skin과 접미사 ship의 합성어다. 접미사 ship은 friendship이나 relationship에서처럼 어떤 상태나 특질을 나타낸다. 하지만 skinship이란 단어는 영어권에선 안 쓰는 말이다. 「메리엄-웹스터 사전」에서 skinship을 검색하면 없는 단어라고 나온다.

스킨십이라는 말을 쓰는 건 한국과 일본이다. 일본어로는 'スキンシップ'으로 쓴다. 위키피디아 일본어판에 따르면 1950년대 일본의 한 아동 심리학자가 사용하기 시작해 일본 전역으로 퍼졌다고 한다.

한국에서 스킨십은 '피부의 상호 접촉에 의한 애정의 교류'로 정의된다. 국립국어원 표준국어대사전에서는 '육아 과정에서 어버이와 자식 사이, 또는 유아의 보육이나 저학년의 교육에서 교사와 어린이 사이에서 그 중요성이 강조된다'고 설명하고 있다. 이때 스킨십은 신체적 접촉, 즉 physical contact의 뜻이다.

최근 스킨십은 물리적 피부접촉뿐 아니라 친밀한 관계, 또는 만남 자체를 가리키는 말로 뜻이 더 넓어졌다. 정치, 경제 등 다양한 분야에서 두루 쓰인다. '청와대와 정부가 기업과의 스킨십을 위해 노력하고 있다'거나 '마크롱Emmanuel Macron 대통령은 IT 기업 CEO들과의 스킨십 횟수를 크게 늘렸다'는 식으로 쓴다. 이때 스킨십은 직접 만나 대화하면서 이해의 폭을 넓힌다는 뜻이다.

기업의 '스킨십 경영'도 비슷한 맥락이다. 한 회사의 대표가 '한 달에 한 번은 일선 현장의 직원들과 술잔을 부딪치며 격의 없이 의견을 나누는 스킨십 경영을 중시한다'면 영어로는 'have more one-on-one time with the CEO, 혹은 have more personal contact with the boss'로 쓴다.

또 어떤 기업이 해외 현지법인에서 '현지 소비자들과의 스킨십을 높인다'는 걸 영어로 쓰면 'make the company more accessible to the public'이라고 표현할 수 있다. 현지인들에게 기업을 알리기 위해 대중에 대한 노출exposure을 더 많이 한다는 의미다.

CHECK NOTE

- **physical contact** : 신체적 접촉
- **one-on-one** : 일대일
- **accessible** : 접근 가능한
- **exposure** : 노출

veteran

베테랑은 퇴역 군인

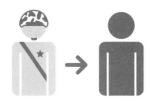

영화 〈베테랑〉은 안하무인 재벌 3세의 범죄를 밝혀내는 한 형사의 활약상을 그린 영화다. 2015년 상영된 이 영화는 관객 수 1,300만 명 이상을 기록하며 한국영화 사상 다섯 번째로 많은 관객을 모았다. 이 영화의 영어 제목은 한국어 제목과 같은 'Veteran'이다. 베테랑 형사에 대한 이야기라는 뜻인 것 같다.

하지만 영어에서 veteran이 명사 단독으로 쓰일 경우 '퇴역 군인'이라는 뜻이 된다. 만약 미국이나 영국인이 영화 제목만 듣는다면 퇴역 군인이 주인공이라고 생각할 것이다. 한국에서 "그 사람 베테랑이야"라고 하면 그가 오랜 경력을 가진 전문가라는 뜻으로 이해하지만, 영어권에서는 "그 사람 군인이었어"라는 뜻이 되는 것이다. 물론 직업 군인으로서 군대에 있었다는 뜻이다. 한국처럼 병역의 의무 때문에 모든 남성이 군대에 다녀와야 하는 의무 복무는 해당하지 않는다.

단, 전문 분야를 밝혀주면 영어에서도 veteran이 전문가라는 뜻으로 쓰인다. veteran journalist는 베테랑 기자, veteran diplomat은 베테랑 외교관이라는 뜻이다. 만약 세계적으로 유명한 「CNN」의 앤더슨 쿠퍼Anderson Hays Cooper나 크리스티안 아만푸어Christiane Amanpour에 대해 이야기할 때 "He (or she) is a veteran"이라고 하면 한국에서는 그(그녀)가 베테랑 기자라고 이해하겠지만 해외에서는 군인 출신이라고 생각할 가능성이 크다. 이 경우 "He (or she) is a veteran journalist"라고 해야 경험 많고 전문성 있는 기자라는 뜻이 된다.

"Star pianist Cho Seong-jin and veteran violinist Chung Kyung-hwa are collaborating to celebrate the 30th anniversary of the Seoul Arts Center(스타 피아니스트 조성진과 베테랑 바이올리니스트 정경화가 서울 아트센터 30주년을 기념하기 위해 협연하고 있다)." 이 문장에서 피아니스트 조성진과 협연하는 바이올리니스트 정경화를 'veteran violinist'로 썼다.

"Social and Labor Council Chairman is a veteran in labor-business relations(경제사회노동위원회 위원장은 노사 관계 베테랑이다)." 여기서는 '노사 관계 전문가'라는 뜻으로 'a veteran in labor-business relations'라고 했다. 이처럼 구체적인 분야를 밝혀주면 그 분야 전문

가라는 뜻이 된다.

　전문가라는 뜻을 가진 단어로는 그 외에 엑스퍼트^{expert}, 마스터
^{master} 등이 있다. 장인이나 달인을 master라고 부른다. 또 음악가 등
예술 분야의 전문가를 뜻하는 단어로는 버추오소^{virtuoso}가 있다. 이런
단어를 쓸 때는 어떤 분야의 전문가인지 구체적으로 밝혀줘야 한다.

CHECK NOTE

- **veteran** : 퇴역 군인, (어떤 분야를 밝혀줄 경우) 전문가
- **diplomat** : 외교관
- **labor-business relation** : 노사관계
- **expert** : 전문가
- **master** : 주인, 선생님, 전문가, 장인
- **virtuoso** : 음악가 등 예술 분야의 전문가

vibe

분위기를 표현하는 말들

'을지로 바이브', '부산 바이브', '포장마차 바이브' 등 여기서 바이브^{vibe}는 분위기라는 뜻이다. 최근 젊은 층에서 많이 쓰이는 말이다.

vibe는 대체로 쿨하고 트렌디한 것에 대한 느낌을 가리키는, 상대적으로 새로운 단어다. 'The restaurant has a good vibe'라고 하면 '그 식당이 좋은 느낌을 준다'는 뜻이다. vibe는 사람에게도 쓸 수 있다. 'He gives me a weird vibe'라고 하면 '그는 이상한 사람처럼 느껴진다'는 뜻이다.

하지만 그냥 '바이브가 느껴진다(I feel the vibe)'라거나 '바이브가 살아 있다'라고는 하지 않는다. vibe라는 단어에는 '좋다' 혹은 '나쁘다'는 느낌이 포함돼 있지 않다. 나쁜 바이브일 수도 있고 좋은 바이브일 수도 있다. 이 때문에 영어에서는 어떤 vibe인지를 밝혀주는 게 자연스럽다.

분위기라는 뜻의 단어로는 vibe 외에도 atmosphere, ambience, mood 등이 있다.

앰비언스^{ambience}는 어떤 장소의 분위기를 가리킨다. 예를 들어 '방문객들은 실제 궁전의 분위기를 느낄 수 있다'를 영어로 하면 'Visitors can feel the actual ambience of the palace'로 쓸 수 있다. '작은 동굴이 마술적인 분위기를 더했다'라는 문장이라면 'A small cave added to the magical ambience'라고 할 수 있다. ambience는 대체로 긍정적인 의미로 좋은 분위기를 설명할 때 쓴다. atmosphere는 vibe나 ambience보다 포괄적이다. 시간이나 장소, 전반적인 상황 등에 모두 쓰일 수 있다. 단, 사람의 분위기를 설명하는 말로는 쓰이지 않는다.

일본의 반도체 소재 수출 제한 조치와 관련해서 한국과 일본의 정부 관계자가 처음으로 일본에서 실무협의를 했던 적이 있다. 이때 일본 측이 창고 같은 사무실에서 악수도 하지 않고 우리 측을 쳐다보지도 않은 채 자신들의 입장만 되풀이해서 논란이 됐다. 이런 분위기를 vibe로 쓸 수는 없다. 이 경우엔 atmosphere가 적당하다.

'무역 분쟁 협의가 긴장된 분위기에서 열렸다'를 영어로 바꾸면 'The trade dispute talks were held in tense atmosphere'다. 사람의 분위기는 vibe나 feeling, 또는 character, aura 등의 단어가 사용된다.

CHECK NOTE

- **vibe** : 느낌, 분위기
- **atmosphere** : 분위기(*사람에는 쓰지 않는다)
- **ambience** : (좋은) 분위기
- **mood** : 분위기
- **feeling** : 느낌
- **character** : 성격, 특징
- **aura** : 기운

webtoon

모바일 시대 만화의 대세가 된 한국 웹툰

웹툰webtoon은 웹web과 카툰cartoon의 합성어다. 인터넷에 연재되는 디지털 만화를 가리킨다. 웹툰이라는 말이 처음 나온 것은 2000년대 초반으로 알려져 있다. 처음엔 일상의 소소한 이야기를 만화에 담아 개인 블로그나 홈페이지에 올리는 경우가 많았다. '스노우캣' '파페포포 메모리즈' 등이 인기를 끌었다.

이후 포털 사이트 다음의 '만화 속 세상'(現 다음 웹툰), 네이버의 '네이버 만화'(現 네이버 웹툰) 등을 통해 서사가 있는 연재만화가 대세로 자리 잡았다. 사실 웹툰은 콩글리시다. 영어권에서는 웹 코믹스web comics라고 해야 그 뜻이 더 명확하게 전달된다. 영어권에서 카툰cartoon이라고 하면 애니메이션 만화를 떠올릴 가능성이 크다.

코믹스comics는 신문이나 잡지에 실리는 짧은 만화를 가리킨다. 만화책은 코믹 북comic book이라고 한다. 하지만 서양의 comic book은 얇은 잡지 형태가 많다. 한국의 만화책처럼 스토리가 길고 두꺼운 책의 형태로 출판되는 건 그래픽 노블graphic novel이라고 부른다.

원래 영어 cartoon은 드로잉을 뜻하는 단어였다. 1600년대엔 예술가들이 그리는 벽화, 모자이크, 태피스트리(색실로 짠 벽걸이 장식) 등의 밑그림을 의미했다. cartoon이 재미있는 드로잉이라는 의미로 사용되기 시작한 건 1800년대다. 신문의 한 컷짜리 시사만평을 political cartoon이라고 부르는 것도 여기서 유래했다.

하지만 귀여운 찰리 브라운이 나오는 '피너츠Peanuts' 같은 4컷 만화는 cartoon 아닌 comics나 comic strip이라고 부른다. 이런 만화들은 시사적이기보다 재미를 위한 내용이 많다. 영어권 신문 중엔 한두 페이지를 comic strip이나 crossword puzzle(십자말풀이) 등 재미를 위한 페이지로 꾸미는 경우가 있는데 이런 페이지를 funny pages 혹은 funny section이라고 부른다.

웹툰은 이제 한국의 디지털 만화를 뜻하는 고유명사가 되고 있다. 모바일에서 보기 편하고 내용과 형식이 다양한 웹툰은 전 세계에서 인기가 높아지면서 새로운 한류 콘텐츠로 부상 중이다. 웹툰의 인기는 한국을 넘어 전 세계 독자들을 파고들면서 2020년 기준 네이버 웹툰의 북미 지역 순 방문자 수는 월 1,000만 명을 넘어섰다.

CHECK NOTE

- **webtoon** : web과 cartoon의 합성어(=web comics)
- **cartoon** : 애니메이션
- **comics** : 신문이나 잡지에 실리는 짧은 만화(=comic strip)
- **comic book** : 얇은 잡지 형태의 서양식 만화책
- **graphic novel** : 스토리가 길고 두꺼운 한국식 만화책
- **crossword puzzle** : 십자말풀이
- **political cartoon** : 신문에 실리는 한 컷 짜리 시사만평
- **funny page** : 신문에 만화·십자말풀이 등을 실은 재미를 위한 페이지
  (=funny section)

Real English
• • •
for the real world

9

숙어

스포츠 경기 용어에서 유래한 숙어

---

across the board
전반적인. 전체에 미치는.

 경마(horse racing)에서 유래했다. 경주마에 돈을 걸고 내기를 하는 방법의 하나인 across-the-board bet에서 온 말이다. across-the-board bet은 내가 돈을 건 말이 1등을 하든 2등을 하든, 3등을 하든 돈을 따는 방식이다. 큰돈을 딸 가능성은 적지만 적은 돈을 딸 가능성은 높아지는 베팅 방법이다.

 Unemployment causes across-the-board harm, from post-retirement costs and huge medical bills to public finance.
실업은 은퇴 이후의 비용, 높은 의료비, 나아가 공공 금융에까지 전반적으로 악영향을 일으킨다.

---

bark up the wrong tree
잘못된 믿음이나 생각 때문에 엉뚱한 짓을 하다.

 사냥(hunting)에서 유래했다. 사냥감은 다른 나무에 있는데 엉뚱한 나무 아래서 짖고 있는 사냥개를 연상하면 된다.

 If you think I'll help you cheat, you're definitely barking up the wrong tree.
네가 속임수를 쓰는 걸 내가 도와줄 거라고 생각했다면 정말 잘못 생각한 거야.

call the shots

결정하다. make a decision과 같은 말.

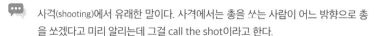 사격(shooting)에서 유래한 말이다. 사격에서는 총을 쏘는 사람이 어느 방향으로 총을 쏘겠다고 미리 알리는데 그걸 call the shot이라고 한다.

EX The conventional wisdom in the world of Silicon Valley start-ups has been that the founders call the shots and that the investors are cheerleaders.
미국 실리콘밸리의 스타트업 세계에는 오랜 지혜가 있는데, 창업자는 결정하고 투자자는 치어리더처럼 응원한다는 것이다.

straight from the horse's mouth

당사자로부터 직접 듣는 상황을 가리키는 말.

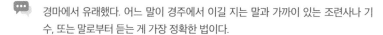 경마에서 유래했다. 어느 말이 경주에서 이길 지는 말과 가까이 있는 조련사나 기수, 또는 말로부터 듣는 게 가장 정확한 법이다.

EX I heard Phil is getting fired. I'm pretty sure it's true, I heard it straight from the horse's mouth.
필은 해고당할 것이다. 확실하다. 나는 그걸 필로부터 직접 들었다.

the ball is in your court

이제는 네 차례다. 결정은 너에게 달렸다.

... 테니스 경기에서 유래한 말이다.

EX South Korean government suggested a summit with North Korea, the ball would be in North Korea's court.
한국 정부가 북한에 정상회담을 제안했다. 이제 결정은 북한에 달렸다.

신체 일부를 활용한 숙어

a finger in every pie
여러 가지 일에 참여하고 있는.

💬 부엌에 들어가 여러 가지 파이의 맛을 보는 장면을 연상할 수 있다. 긍정적인 의미로 쓰인다. 활동적으로 여러 가지 일을 하고 있다는 뜻을 담고 있다.

EX Jim has a finger in every pie.
짐은 여러 가지 일에 참여하고 있다.

a sight for sore eyes
정말로 보기 좋은 장면.

💬 아픈 눈을 위한 장면으로 그 장면을 보니 눈이 좋아졌다는 의미를 담고 있다. 요즘 말로 '안구 정화'되는 장면이겠다.

EX You are a sight for sore eyes.
너를 보니 정말 좋다.

cost an arm and a leg
엄청나게 비싼 값을 치르다.

EX He wants a new car that doesn't cost an arm and a leg.
그는 부담스럽지 않는 가격의 새 차를 원한다.

give someone the cold shoulder
무시하다, 차갑게 대하다.

EX Small U.S. oil and gas companies get cold shoulder from large banks.
소규모 미국 정유회사와 가스회사들이 대형 은행으로부터 대출을 받지 못한다.

have cold feet
겁먹다, 자신감을 잃다.

EX We often talk about people getting cold feet before their wedding day, when they suddenly panic and have some doubts about getting married.
우리는 가끔 결혼 전에 겁먹는 사람들에 관해 이야기한다. 그들은 결혼 전 갑자기 공포감에 시달리며 결혼에 대해 의심한다.

play it by ear
즉흥적으로 하다. improvise.

··· 구체적인 계획 없이 상황에 따라 결정해서 하는 경우에 쓴다. 악보 없이 귀로 듣고 연주하는 상황에서 유래한 말인데 최근에는 다른 분야에서도 널리 쓰이고 있다.

EX "Shall we go out for dinner after work?" "I'm not sure if we'll have time. Let's play it by ear."
"저녁때 일 끝나고 외식할까?" "글쎄, 시간이 있을지…. 상황 봐서 결정하자."

pull someone's leg

놀리다. 사실이 아닌 걸 진짜라고 믿게 하다.

 I panicked when he said the test was canceled, but then I realized he was just pulling my leg.

그가 시험이 취소됐다고 했을 때 나는 너무 놀랐다. 하지만 그다음 그가 그냥 나를 놀리고 있다는 걸 깨달았다.

put a toe out of line

규정을 어기다, 선을 넘다.

 'Don't put a toe out of line'의 형태를 쓴다. 'Don't break the rules'와 같은 뜻.

 Grandad is going to look after you today, so please don't put a toe out of line.

할아버지가 오늘 너를 돌봐주실 거야. 할아버지 말씀 잘 들어라.

put one's foot in one's mouth

엉뚱하거나 상황에 맞지 않는 말을 해서 곤란해지다. 실언하다.

 어리석은 말이나, 상처를 주는 말을 무심코 해버렸다는 뜻이다.

 I really put my foot in my mouth.
내가 정말 실언을 했다.

see eye to eye
동의하다.

EX Cory Booker and the UK's Liberal Democrats would see eye-to-eye.
미국 정치인 코리 부커와 영국 자유민주당원들은 의견 일치를 이룰 것이다.

two left feet
엉망인, 서투른, 어설픈.

EX Jenny is a good dancer, but I've got two left feet.
제니는 훌륭한 댄서다. 하지만 나는 춤을 잘 못 춘다.

음식이 등장하는 숙어

---

a piece of cake
쉬운 일. cake walk.

💬 우리말로 '식은 죽 먹기'와 비슷하다.

EX "How was driver's license test?" "It was a piece of cake."
"운전면허 시험 어땠어?" "식은 죽 먹기였지."

---

bread and butter
주 소득원.

💬 어떤 일이나 어떤 사람이 올리는 소득의 주요 원천을 가리킨다.

EX Steel has always been Posco's bread and butter.
철은 언제나 포스코의 주 소득원이었다.

---

butter up
아부하다. 뭔가를 얻어내려고 칭찬하거나 잘해주다.

EX "Stop trying to butter me up, I'll decide the promotion based on skill."
나한테 아부하지 마. 승진은 실력에 따라 결정할 거야.

bring home the bacon
생계를 주로 책임지다.

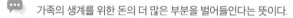 가족의 생계를 위한 돈의 더 많은 부분을 벌어들인다는 뜻이다.

EX I don't think it matters if my wife or I bring home the bacon. We both contribute to the family.
나는 내 아내의 수입이 더 많든 내 수입이 더 많든 그건 중요한 게 아니라고 생각한다. 우리는 모두 가정에 기여하고 있다.

have one's cake and eat it too
동시에 두 가지 이득을 취하다. 일거양득, 일석이조.

EX You can't have your cake and eat it too.
두 마리 토끼를 동시에 잡을 수는 없다.

icing on the cake
좋은 일을 더 좋게 만드는 것. 금상첨화.

EX The speech was great, and getting to meet the speaker afterward was the icing on the cake.
강연도 좋았는데, 나중에 강연자를 만나서 더 좋았다.

역사적 배경이 있는 숙어

all-singing, all-dancing
매우 많은 기능이 있다.

💬 어떤 물건이 all-singing, all-dancing 하다는 건 full-featured 하다는 의미다. 소리가 나지 않는 무성 영화에서 소리가 나는 유성 영화로 발전하던 시기에 유성 영화를 광고하던 문구 중에 "all-singing, all-dancing, all-talking"이 있었는데 이것이 나중에 all-singing, all-dancing으로 축약됐다.

EX This new TV can do anything, it's all-singing, all-dancing.
이 새 텔레비전에는 정말 많은 기능이 있다.

bite the bullet
하기는 싫지만 피할 수는 없는 일을 꾹 참고 하다.

💬 마취제가 없어서 대신 총알을 이로 물고 수술의 고통을 참아야 했던 것에서 유래했다.

EX "Let's bite the bullet and get the song recorded."
(정말 싫지만) 그 노래 녹음을 해치우자.

fly off the handle
엄청나게 화내다.

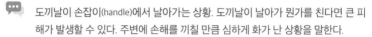

도끼날이 손잡이(handle)에서 날아가는 상황. 도끼날이 날아가 뭔가를 친다면 큰 피해가 발생할 수 있다. 주변에 손해를 끼칠 만큼 심하게 화가 난 상황을 말한다.

EX Don't fly off the handle.
너무 화내지 마.

ride shotgun
자동차의 조수석에 앉다.

황금을 찾아 서부로 가던 미국의 서부 개척 시대로부터 유래했다. 서부로 향하는 마차를 공격하는 도적떼가 늘어나자 이를 막기 위해 숏건을 든 총잡이를 고용해서 기수 옆자리에 앉도록 했던 것에서 유래했다.

EX She'll be driving, not riding shotgun.
그녀는 조수석에 앉지 않고 직접 운전할 것이다.

Sleep tight!
'잘 자.' '안녕히 주무세요.'

Sleep well! Good night!과 같은 말. 트와이스의 노래 <잘 자요 굿나잇>의 영문 제목이 바로 <Sleep tight, good night>이다. 어디서 유래한 말인지는 확실치 않다. 하지만 침대를 만드는 기술이 발달하지 않았던 과거엔 침대 프레임에 매트리스를 끈이나 밧줄로 묶어서 고정했던 것에서 유래했을 것이라고 짐작된다. 단단히 고정되지 않으면 풀어져서 잠을 자다가 봉변을 당하거나 잠을 설칠 수 있으니 단단히 묶여있는 게 중요했을 것이기 때문이다.

EX Good night, Sam. Sleep tight.
굿 나잇, 샘. 잘 자.

spill the beans
비밀을 누설하다.

 고대 그리스 시대 사람들은 투표할 때 찬성이면 흰 콩, 반대면 검은 콩을 사용했다고 한다. 그 콩을 흘린다는 건 찬성할지 반대할지를 미리 누설한다는 뜻이었다. 현대에 와서 비밀을 누설한다는 뜻으로 쓰이고 있다. "spill the tea"도 비슷한 뜻이다.

 It's a secret. Do not spill the beans.
그건 비밀입니다. 비밀을 누설하지 마세요.

turn a blind eye
모른 척하다.

 영국 해군의 전설인 넬슨 제독은 전쟁 중 한쪽 눈을 잃은 애꾸였다. 전투에서 퇴각하라는 신호를 본 그는 일부러 안 보이는 눈을 망원경에 대고 신호를 못 본 척하며 전투를 계속해서 결국 이겼다고 한다. 무시하면 안 되는 걸 무시하는 상황을 가리키는 말로도 쓰인다.

Don't turn a blind eye to the student who is cheating on a test.
시험에서 커닝하는 학생을 못 본 척하지 마라.

경제 기사에 자주 나오는 숙어

a big cheese
가장 중요한 사람. 가장 큰 세력을 가진 거물.

💬 파키스탄 인도 지역에서 쓰는 언어인 우르두어에서 chiz는 thing이라는 뜻이다. 이 말이 유럽으로 건너오면서 the big thing과 the big cheese가 같은 뜻으로 쓰이기 시작했다.

EX She looked very humble. but later she turned out to be a big cheese.
그녀는 초라해 보였다. 하지만 나중에 그녀가 거물이라는 게 밝혀졌다.

bad apple
그룹 전체에 나쁜 영향을 주는 사람.

💬 'A bad apple spoils the bunch.' 즉, '썩은 사과 하나가 전체를 망친다'는 속담에서 유래했다.

EX He is really a bad apple. After five minutes with my usually well-behaved kids, they're all acting out.
그는 정말 썩은 사과 같은 놈이다. 착하게 굴던 아이들이 5분 만에 마구잡이로 행동 하기 시작했다.

chalk and cheese
분필과 치즈. 서로 매우 다른 두 가지.

EX Jim and Tom never get along. They're chalk and cheese.
짐과 톰은 절대 어울리지 않는다. 둘은 정말 다르다.

corner the market
시장을 지배하다, 주도권을 쥐다.

EX The company corners the smart phone market.
그 회사는 스마트폰 시장의 주도권을 갖고 있다.

cut corners
빨리빨리 대충대충 하다.

EX Please don't cut corners on this project.
제발 이 프로젝트를 대충 하지 마세요.

long shot
아주 먼 일, 일어나기 어려운 일.

💬 활이나 총으로 목표물을 맞히는 상황에서 유래한 말. 최근에는 농구나 비즈니스 관련 기사에서도 많이 쓰인다.

EX It's a long shot, but we can give it a try.
힘들 거 같긴 하지만, 우리가 한 번 시도는 해볼 수 있다.

lose sight of
잊다.

💬 어떤 일의 중요한 부분, 혹은 핵심적인 목표를 상실했다는 뜻으로 많이 쓰인다.

EX We must not lose sight of our goal.
우리는 우리의 목표를 잊지 말아야 한다.

on a roll
성공 가도에 있다.

💬 공이 굴러가는 것처럼 on a roll은 일이 잘 굴러가고 있는 모습을 가리킨다.

EX The sisters' career was on a roll.
그 자매는 일에서 성공 가도를 달렸다.

set one's sights on ~
~를 목표로 삼다.

💬 스포츠나 산업 관련 소식에서 많이 볼 수 있는 표현이다. 어떤 장기적인 목표를 세웠다고 할 때 많이 쓴다.

EX The automaker has also set its sights on developing fuel-cell EV(FCEV) technology.
그 자동차 회사는 수소차 기술 개발을 목표로 삼았다.

up in the air
아직 결정되지 않은 상태.

EX "When are we moving to the new building?" "I think that's still up in the air."
"우리 언제 새 빌딩으로 이사할 예정이야?" "아직 결정 안 된 거 같아."

사랑과 우정에 대한 숙어

as thick as thieves
아주 가깝게 지내는 사이.

 여럿이 공조해서 도둑질하기 위해서는 서로를 믿고 비밀을 공유해야 한다. 비밀을 털어놓을 정도로 가까운 사이라는 뜻이다. 여기서 thick은 close의 뜻이다.

 Those two are as thick as thieves. They're always together.
저 둘은 정말 친해. 항상 같이 있어.

birds of a feather
성격이나 배경, 관심사가 비슷한 사람들.

 birds of a feather는 같은 종류의 깃털을 가진 같은 종의 새들끼리 모이는 걸 가리키던 말이 서로 비슷한 성격을 가진 사람들을 가리키는 말로 쓰인다.

 She gets on well with Jenny—they're birds a feather!
그녀는 제니랑 잘 지낸다. 둘은 마치 자매 같다.

dancing in the streets
매우 기쁨에 찬 모습.

 1964년 영화 'Dancing in the Street'에서 유래했다. 비슷한 뜻으로 over the moon이 있다.

EX He will be dancing in the streets if he gets a new job.
그가 새 직업을 구하면 너무 좋아서 춤이라도 출 것이다.

head over heels
누군가를 깊이 사랑하는 상태.

 1400년대 이전부터 사용됐던 원래 표현은 heels over head이다. 머리 위에 발꿈치가 있는 것처럼 생각될 정도로 정신없이 누군가에게 빠져 있는 상태를 가리키는 말이었다. 1600년대 들어 head over heels로 바뀌었지만 뜻은 그대로 유지됐다. 공중제비를 돌아 제자리로 돌아온 상태를 연상하면 될 듯하다.

EX Simon is head over heels in love with Jin.
시몬은 진에게 깊이 빠져있다.

It takes two to tango
손바닥도 마주쳐야 소리가 난다.

 어떤 상황, 주로는 논쟁이나 분쟁의 상황에서 두 사람 모두의 잘못이라는 뜻으로 쓰인다.

EX "I'm so annoyed at Steve." "Well, it takes two to tango."
"나 스티브 때문에 화났어." "글쎄, 둘 다 잘못한 거 같은데."

like a house on fire

아주 빨리 친해지는 모습. 어떤 일이 아주 빨리 진척되는 상황.

EX Those two got along like a house on fire.
그 두 사람은 아수 빨리 진해졌다.

love is blind

사랑에 빠지면 상대방의 단점을 보지 못한다.

EX I don't understand why Jane would go out with him, he's so rude to her. Love is blind.
나는 제인이 왜 그와 데이트하는지 모르겠어. 그는 그녀에게 무례한데 말이야. 사랑에 눈이 멀어 버린 거 같아.

on the same page

서로의 의견에 동의하다.

💬 합창단원들이 함께 노래 부를 때 악보의 같은 부분을 보면서 같은 음을 내는 장면을 상상하면 쉽게 이해할 수 있다.

EX I'm glad we're all on the same page.
우리의 의견이 일치해서 기쁘다.

tie the knot
결혼하다.

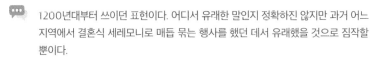 1200년대부터 쓰이던 표현이다. 어디서 유래한 말인지 정확하진 않지만 과거 어느 지역에서 결혼식 세레모니로 매듭 묶는 행사를 했던 데서 유래했을 것으로 짐작할 뿐이다.

EX When are you two going to tie the knot?
두 사람 언제 결혼하나요?

two peas in a pod
한 콩깍지에 들어 있는 두 개의 완두콩. 서로 아주 많이 닮은 두 사람.

EX They're two peas in a pod
그들은 정말 비슷하다.

wear one's heart on one's sleeve
감정이 그대로 드러나다.

심장이 소매에 달려 있으면 모든 사람이 그 심장의 움직임을 볼 수 있을 것이다. 그 심장이 뭘 좋아하고 싫어하는지가 훤히 드러나게 될 것이다.

EX Tony wears his heart on his sleeve.
토니는 감정을 숨기지 못한다.

성경에서 유래한 숙어

> ## at one's wit's end
> 어떻게 할지 몰라 당황하고 걱정스러운 상황.

 성경 시편(Psalms)에서 나온 말이다. 여기서 wit는 지식(knowledge)을 뜻한다.

 I've tried everything with this project and I just can't work it out. I'm at my wit's end.
이 프로젝트를 성공시키기 위해 모든 걸 시도했는데 실패했다. 이제는 어떻게 해야 할지 모르겠다.

> ## a fly in the ointment
> 작은 결점, '옥에 티'.

 성경 전도서(Ecclesiastes)의 'Dead flies cause the ointment of the apothecary to send forth a stinking savour(죽은 파리들 때문에 약재상의 연고에서 악취가 난다)' 라는 구절에서 유래했다.

 I like that house. But there's a fly in the ointment: I have to commute so far to work.
나는 그 집이 좋다. 하지만 단점이 하나 있는데, 직장에서 너무 멀다는 것이다.

by the skin of one's teeth
겨우겨우 성공한 상황.

💬 성경 욥기(Job)에서 주인공 욥이 "I have escaped with the skinne of my tethe(나는 가까스로 탈출했다)"라고 한데서 유래했다.

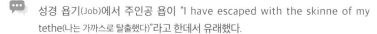 He avoided prison by the skin of his teeth after a judge decided not to jail him.
판사가 그를 감옥에 보내지 않기로 결정한 덕분에 그는 가까스로 수감되는 걸 피했다.

eleventh hour
마지막 순간.

💬 성경의 '포도밭 일꾼 우화(Parable of the Workers in the Vineyard)'에서 유래한 말이다. 예수께서 말하길 마지막에 온 일꾼이라도 포도밭에 온 일꾼이라면 누구나 동일한 대가를 받게 될 것이라고 했다는 것에서 나온 말이다. 믿음의 시간에 상관없이 예수를 믿는 사람은 누구나 평등하다는 의미를 담고 있는 말이다. 12시가 마지막의 기준이다.

EX She was done with her assignment by the eleventh hour. It was just minutes before the deadline.
그녀는 마지막 순간에 과제를 끝냈다. 마감 시간 1분 전이었다.

speak of the devil
호랑이도 제 말 하면 나타난다.

💬 누군가에 관해 이야기하고 있는데 그 사람이 갑자기 나타나는 경우다. 'speak of the devil and he doth appear'가 축약된 말이다. 옛날 기독교에서 교인들에게 악마의 이름을 말하지 말라고 했던 것에서 유래했다.

EX Speak of the devil! We were just talking about you!
호랑이도 제 말 하면 나타난다더니! 우리 지금 네 얘기 하고 있었어!

the writing on the wall

나쁜 일이 일어날 불길한 징조.

성경 다니엘서에 나오는 일화에서 유래했다. 바빌로니아 제국 마지막 왕인 벨사살 왕이 연회를 열었는데 그 연회장 벽에 손이 나타나 글을 썼다고 한다. 글의 내용은 벨사살 왕의 죄와 그의 아버지의 죄 때문에 왕이 죽을 것이라는 경고였고, 실제로 그날 밤 적이 쳐들어와 벨사살 왕을 살해했다.

No one told me I was going to be fired, but I could see the writing on the wall.
아무도 내가 해고될 거라고 말하지 않았지만 나는 불길한 징조를 알 수 있었다.

wolf in sheep's clothing

양의 탈을 쓴 늑대. 착한 척하는 위험한 사람.

성경의 마태복음(Matthew)에 나오는 구절에서 유래했다. 성경에는 "Beware of false prophets, which come to you in sheep's clothing, but inwardly they are hungry wolves"라는 말이 나온다. "양의 옷을 입은 가짜 선지자를 경계하라, 그들의 내면은 굶주린 늑대다"라는 뜻이다.

Coronavirus is a wolf in sheep's clothing - despite initial symptoms similar to influenza, it may progress to severe disease.
코로나바이러스는 양의 탈을 쓴 늑대 같다. 초기 증상은 감기 같지만 심각한 질병으로 발전할 수 있다.

SNS에서 쓰는 숙어

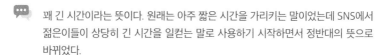

a hot minute
꽤 긴 시간.

💬 꽤 긴 시간이라는 뜻이다. 원래는 아주 짧은 시간을 가리키는 말이었는데 SNS에서 젊은이들이 상당히 긴 시간을 일컫는 말로 사용하기 시작하면서 정반대의 뜻으로 바뀌었다.

EX It's been a hot minute since we last met.
우리가 마지막으로 만난 지 꽤 오래됐다.

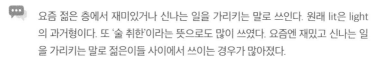

lit
신나는, 재미있는.

💬 요즘 젊은 층에서 재미있거나 신나는 일을 가리키는 말로 쓰인다. 원래 lit은 light의 과거형이다. 또 '술 취한'이라는 뜻으로도 많이 쓰였다. 요즘엔 재밌고 신나는 일을 가리키는 말로 젊은이들 사이에서 쓰이는 경우가 많아졌다.

EX "Seoul is about to get lit for Buddha's birthday."
부처님 오신 날을 맞아 서울에 신나는 축제가 열리고 환하게 불을 밝힐 것이다.

It's been a minute
1분이 지났다, 꽤 오랜 시간이 지났다.

 문맥에 따라 다르게 쓰인다. 실제로 1분이 지났다는 뜻이 될 수도 있고, 꽤 오랜 시간이 지났다는 뜻으로 쓰일 수도 있다. SNS에서 원래의 뜻과 달리 꽤 오랜 시간이 지났다는 뜻으로 사용되기 시작하면서 경우에 따라 오랜 시간이라는 뜻으로 쓰이기도 한다.

 ❶ "How long has that cake been in the oven?" "It's been a minute."
"오븐에 케이크 넣은 지 얼마나 됐지?" "1분 됐는데."

❷ "How long has it been since you last went swimming?"
"Oh, it's been a minute."
"너 마지막으로 수영한 지 얼마나 됐어?" "꽤 됐지."

spill the tea
소문을 퍼뜨리다.

 블랙 드랙 컬처(black drag culture)에서는 티(tea)가 가십이라는 뜻으로 쓰였는데 여기서 유래해 일반적인 숙어로 자리 잡았다. 블랙 드랙 컬처란 흑인 남자가 화려하게 여장을 하고 펼치는 공연 문화를 가리킨다.

 Let me spill the tea. The tea is hot.
그 소문에 대해 알려줄게. 엄청 핫한 소식이야.

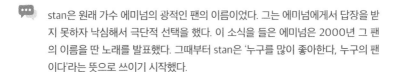

stan
누군가의 팬이다.

stan은 원래 가수 에미넴의 광적인 팬의 이름이었다. 그는 에미넴에게서 답장을 받지 못하자 낙심해서 극단적 선택을 했다. 이 소식을 들은 에미넴은 2000년 그 팬의 이름을 딴 노래를 발표했다. 그때부터 stan은 '누구를 많이 좋아한다, 누구의 팬이다'라는 뜻으로 쓰이기 시작했다.

"I stan j-hope."
나는 제이홉의 팬이다.

hit를 활용한 숙어

---

hit the nail on the head
정확하게 하다.

 nail은 명사로 못이나 손톱이란 뜻이고, 동사로는 '못을 박다'라는 뜻이다. hit the nail on the head는 못의 머리 부분을 때린다는 뜻이다. 정확하게 못의 머리 부분을 때려서 못을 박아 넣는다는 말이 정확하게 한다는 뜻으로 쓰이고 있다.

 Speaker Nancy Pelosi hit the nail on the head when she said in a written statement: "Our military and allies deserve strong, smart and strategic leadership from Washington."
낸시 펠로시 미 하원 대변인은 성명서에서 "우리 군과 동맹들은 워싱턴의 강하고 스마트하고 전략적인 리더십을 당연히 갖추어야 한다"고 말했다.

---

hit the hay
자러 가다. go to bed와 같은 뜻.

 옛날 서양에선 헛간의 건초 더미 위에서 사람들이 잠을 자곤 했던 것에서 유래했다. hit the sack도 같은 뜻이다. sack은 부대, 포대, 자루를 뜻한다.

 I'm too tired to watch the film I'm just going to hit the hay instead.
나는 너무 피곤해서 영화 보는 대신 잠이나 자러갈 예정이다.

hit the books
공부하다.

EX I haven't studied for the test yet so I better hit the books.
시험공부를 안했으니, 공부를 하는 게 낫겠다.

hit the bottle
술을 많이 마신다.

EX After he lost his job he really started to hit the bottle.
그는 실직 후 술을 진짜로 많이 마시기 시작했다.

It's a hit
성공이다.

... hit이 성공의 의미로 쓰이기 시작한 건 1800년대부터다. hit the mark가 성공했다는 말로 쓰이면서 의미가 확대됐다.

EX Have you heard that new BTS song? It's a hit!
BTS 신곡 들어봤어? 성공적이야!

기타

add insult to injury
설상가상.

 안 좋은 일에 더 안 좋은 일이 겹친 상황.

 My car broke down, then, to add insult to injury, it started to rain.
차가 고장이다. 엎친 데 덮친 격으로 비까지 내리기 시작했다.

better late than never
늦더라도 하는 게 안 하는 것보다 낫다.

 늦었지만 여전히 일어나고 있는 일에 대해 할 수 있는 말이다. 어떤 사람이 늦거나 어떤 일이 늦게 발생하는 경우에 쓸 수 있다.

 ❶ "Steve isn't going to get here until 8 p.m." "Well, better late than never."
"스티브는 오후 8시까지 여기 도착 못 할 거야." "아예 안 오는 것보다 낫지."

❷ "Here's your birthday present. Sorry it's two weeks late." "Well, better late than never."
"여기 네 생일 선물이야. 2주나 늦어져서 미안해." "아예 안 주는 것보다 낫지."

Easy does it
살살해라, 천천히 해라.

💬 누군가를 진정시킬 때 하는 말이다. 대체로 구어체로만 쓰이고, 문어체에서는 쓰지 않는 표현이다.

EX Easy does it, we don't want to crash the car.
진정해. 차 사고 나는 거 원하지 않아.

hot take
피상적인 도덕관념에 근거해 관심을 끌려고 하는 도발적인 논평.

💬 원래 주의를 끌기 위해 하는 자극적인 말을 일컫는 저널리즘 용어였다. 요즘에는 모든 사람이 동의하기 어려운 의견이라는 뜻으로 사용되고 있다.

EX Here's my hot take — Ryan Reynolds is not a very good actor.
너희들은 동의하지 않을 거 같지만, 라이언 레이놀즈는 좋은 배우가 아니야.

no pain, no gain
고통 없이 얻는 것도 없다.

💬 스포츠나 피트니스 분야에서 많이 쓰이던 말인데 최근에는 다양한 분야에서 사용되고 있다. 1980년대 배우 제인 폰더의 에어로빅 비디오에 나오면서 유명해진 말이다.

EX I go to the gym everyday. My body aches, but you know what they say: No pain, no gain!
나는 매일 헬스장에 간다. 몸은 고통스럽지만 너도 알다시피 고통 없이 성과를 기대할 수는 없는 법이지.

six of one and half a dozen of the other
6이나, 12의 절반이나. 그게 그거.

💬 사자성어 '조삼모사朝三暮四'와 비슷한 의미.

EX "Shall we take the bus or the subway to the meeting?" "Well, it's six of one and half a dozen of the other."
"우리 모임 갈 때 버스 탈까, 지하철 탈까?" "그게 그거지.(둘 다 비슷해)"

under the weather
몸이 좋지 않은.

💬 심각하게 아픈 건 아니지만 약간 아프다고 느끼는 상태를 가리키는 말이다.

EX "Are you coming to the party tonight?" "I don't think so. I feel a bit under the weather."
"오늘 밤 파티에 올 거야?" "못 갈 거 같아. 컨디션이 좀 안 좋아."

You can say that again
동감이다.

💬 상대방이 방금 한 말에 강력하게 동의한다고 할 때 쓰는 표현이다.

EX "I think Meryl Streep is a good actor." "You can say that again!"
"나는 메릴 스트립이 좋은 배우라고 생각해." "나도!"

영어 같은, 영어 아닌, 영어의 이면에 대한 이야기

번역기도 모르는 진짜 영어

초판 1쇄 펴낸날 | 2021년 5월 15일

글 | 박혜민, Jim Bulley

펴낸이 | 박성신
펴낸곳 | 도서출판 쉼
책임편집 | 이미선
외주디자인 | 이세래나
등록번호 | 제406-2015-000091호
주소 | 경기도 파주시 문발로115, 세종벤처타운 304호
대표전화 | 031-955-8201 **팩스** | 031-955-8203

text ⓒ 박혜민, Jim Bulley 2021
ISBN 979-11-87580-51-5 (03740)

• 도서출판 쉼에서는 원고투고를 받습니다.
  전자우편 8200rd@naver.com으로 보내주십시오.